Jörg Herrfurth

Ertragsteuern in der Zwischenberichterstattung nach IFRS

Darstellung von Konzepten und Methoden der Ertragsteuerbilanzierung

igel
Verlag
RWS

Herrfurth, Jörg: Ertragsteuern in der Zwischenberichterstattung nach IFRS: Darstellung von Konzepten und Methoden der Ertragsteuerbilanzierung, Hamburg, Igel Verlag RWS 2014

Buch-ISBN: 978-3-95485-065-5
PDF-eBook-ISBN: 978-3-95485-565-0
Druck/Herstellung: Igel Verlag RWS, Hamburg, 2014

Bibliografische Information der Deutschen Nationalbibliothek:
Die Deutsche Nationalbibliothek verzeichnet diese Publikation in der Deutschen Nationalbibliografie; detaillierte bibliografische Daten sind im Internet über http://dnb.d-nb.de abrufbar.

Hermannstal 119k, 22119 Hamburg
http://www.diplomica.de, Hamburg 2014
Printed in Germany

Inhaltsverzeichnis

Abkürzungsverzeichnis

a.A.	anderer Ansicht
Abb.	Abbildung
AblEG	Amtsblatt der Europäischen Gemeinschaft
Abs.	Absatz
Abschn.	Abschnitt
a.F.	alte Fassung
AfA	Absetzungen für Abnutzungen
AG	Aktiengesellschaft
AktG	Aktiengesetz
AO	Abgabenordnung
APB	Accountings Principle Board (USA)
Aufl.	Auflage
BB	Betriebsberater (Zeitschrift)
BBK	Buchführung, Betrieb und Kostenrechnung (Zeitschrift)
BFuP	Betriebswirtschaftliche Forschung und Praxis (Zeitschrift),
BFH	Bundesfinanzhof
BGB	Bürgerliches Gesetzbuch
BGBl.	Bundesgesetzblatt
BilMoG	Bilanzrechtsmodernisierungsgesetz
BilReG	Bilanzrechtsreformgesetz
BMF	Bundesminister(ium) der Finanzen
BMJ	Bundesministerium der Justiz
BörsG	Börsengesetz
bspw.	beispielsweise
BStBl.	Bundessteuerblatt
BT-Drucks.	Bundestagsdrucksache
Buchst.	Buchstabe
BVerfG	Bundesverfassungsgericht
bzgl.	bezüglich
c.p.	ceteris paribus
DB	Der Betrieb (Zeitschrift)
DBA	Doppelbesteuerungsabkommen
d.G.v.	des Gesetzes vom
d.h.	das heißt
DPR	Deutsche Prüfstelle für Rechnungslegung DPR e.V.
DRS	Deutscher Rechnungslegungs Standard
DRSC	Deutsches Rechnungslegungs Standards Committee e.V.
DSR	Deutscher Standardisierungsrat
dt.	deutsch
DTA	Deferred Tax Asset
DTL	Deferred Tax Liability

Dtld.	Deutschland
EA	Einzelabschluss
EBITDA	Earnings before interests, taxes, depreciation and amortization
EBT	Earnings before taxes (Ergebnis vor Steuern)
EGHGB	Einführungsgesetz zum Handelsgesetzbuche
Erg.lfg.	Ergänzungslieferung
ESt	Einkommensteuer
EStDV	Einkommensteuer-Durchführungsverordnung
EStG	Einkommensteuergesetz
EStH	Einkommensteuer-Hinweis zur EStR
EStR	Einkommensteuerrichtlinie
ETR	Effective Tax Rate
EU	Europäische Union
e.V.	eingetragener Verein
evtl.	eventuell
EWG	Europäische Wirtschaftsgemeinschaft
f.	folgende
FASB	Financial Accounting Standards Board (USA)
FAZ	Frankfurter Allgemeine Zeitung (Tageszeitung)
ff.	fortfolgende
FIN	FASB Interpretation
Fn.	Fußnote
GE	Geldeinheiten
GewSt	Gewerbesteuer
GewStG	Gewerbesteuergesetz
ggf.	gegebenenfalls
ggü.	gegenüber
GJ	Geschäftsjahr
GmbH	Gesellschaft mit beschränkter Haftung
GmbHR	GmbH-Rundschau (Zeitschrift)
GoB	Grundsätze ordnungsmäßiger Buchführung
grds.	grundsätzlich
GuV	Gewinn- und Verlustrechnung
HB	Handbuch/Handelsbilanz
HdRP	Handwörterbuch der Rechnungslegung und Prüfung
HGB	Handelsgesetzbuch
h.M.	herrschende Meinung
Hrsg.	Herausgeber
IAS	International Accounting Standard
IASB	International Accounting Standards Board
i.d.F.d.	in der Fassung des/der
i.d.R.	in der Regel
IDW	Institut der Wirtschaftsprüfer in Deutschland e.V.

IFRIC	International Financial Reporting Interpretations Committee
IFRS	International Financial Reporting Standards
i.H.v.	in Höhe von
InvZulG	Investitionszulagengesetz
i.S.d.	im Sinne des/der
IStR	Internationales Steuerrecht (Zeitschrift)
i.V.m.	in Verbindung mit
JStG	Jahressteuergesetz
KA	Konzernabschluss
KapESt	Kapitalertragsteuer
KapG	Kapitalgesellschaft(en)
KGaA	Kommanditgesellschaft auf Aktien
KMU	kleine und mittlere Unternehmen
Komm.	Kommentar
KoR	Zeitschrift für kapitalmarktorientierte Rechnungslegung
KSt	Körperschaftsteuer
KStG	Körperschaftsteuergesetz
kum.	kumuliert
lit.	(Gesetzes-)Buchstabe
MA	Musterabkommen zur Vermeidung der Doppelbesteuerung
m.E.	meines Erachtens
Mio.	Million(en)
Mrd.	Milliarde(n)
mtl.	monatlich
m.w.N.	mit weiteren Nachweisen
NWB	Neue Wirtschafts Briefe (Zeitschrift)
o.A.	ohne Autor
OECD	Organisation für wirtschaftliche Zusammenarbeit und Entwicklung
o.g.	oben genannte(r)
p.a.	pro anno
PIR	Praxis der internationalen Rechnungslegung (Zeitschrift)
Pkt.	Punkt
PPA	Purchase Price Allocation (Kaufpreisallokation)
Q	Quartal
RAP	Rechnungsabgrenzungsposten
RGBl.	Reichsgesetzblatt
RIC	Rechnungslegungs Interpretation Committee (beim DRSC)
RL	Richtlinie
Rn.	Randnote
S.	Satz/Seite
SB	Steuerbilanz
SEC	Securities and Exchange Commission
SFAS	Statement of Financial Accounting Standard (US-GAAP)

SIC	Standings Interpretation Committee
SME	Small and Middle-sized Entities (KMU)
s.o.	siehe oben
sog.	sogenannte(r)
SolZ	Solidaritätszuschlag
SolZG	Solidaritätszuschlagsgesetz 1995
SR	Status Recht (Zeitschriftenbeilage zu DB)
Stbg.	Die Steuerberatung (Zeitschrift)
Stpfl.	Steuerpflichtiger
StuB	Steuern und Bilanzen (Zeitschrift)
s.u.	siehe unten
Tab.	Tabelle
TEUR	Tausend Euro
TUG	Transparenzrichtlinie-Umsetzungsgesetz
Tz.	Textziffer
u.	und
u.a.	unter anderem/und andere
URL	Uniform Resource Locator (Internetquelle/Netzwerkpfad)
US(A)	United States (of America)
US-GAAP	US-Generally Accepted Accounting Standards
UStG	Umsatzsteuergesetz
UStRefG	Unternehmensteuerreformgesetz
u.U.	unter Umständen
v.	vom
vgl.	vergleiche
v.H.	vom Hundert
vs.	versus
VZ	Veranlagungszeitraum
WPg	Die Wirtschaftsprüfung (Zeitschrift)
WpHG	Wertpapierhandelsgesetz
ZA	Zwischenabschluss
z.B.	zum Beispiel
ZBE	Zwischenberichterstattung
z.g.d.	zuletzt geändert durch
z.T.	zum Teil
zvE	zu versteuerndes Einkommen

Tabellenverzeichnis

1 Einleitung

1.1 Problemstellung und Zielsetzung

„Das Steuerrecht beeinflusst jede wirtschaftliche Betätigung.“[1] Steuern stellen die größte Abgabenlast für Unternehmen dar, deren Senkung eine permanente Herausforderung für das Management und die Beraterschaft bildet. Die immer häufigeren Änderungen in der Steuergesetzgebung und die unverändert ansteigende weltweite unternehmerische Betätigung bringen eine erhöhte Komplexität mit sich. „Das internationale Steuerrecht ist gekennzeichnet durch unterschiedliche Zielvorstellungen des Gesetzgebers und dadurch hervorgerufene Zielkonflikte.“[2] Der global agierende Konzern braucht ein Zielsystem der Konzernsteuerplanung.[3] Die aussagefähige Abbildung der Steuerbelastung in der Rechnungslegung der Unternehmen erlangt zunehmend an Bedeutung, denn von den Kapitalmarktteilnehmern werden höhere Informationsbedürfnisse hinsichtlich der aktuellen und zukünftigen steuerlichen Situation der Konzerne geäußert.

Die Standardsetter der internationalen Rechnungslegung haben entsprechend reagiert und insbesondere die Bilanzierung latenter Steuern kodifiziert. Deren Umsetzung erweist sich für die Unternehmen als äußerst anspruchsvoll und ressourcenträchtig. So sind Fehler bei der Ermittlung der latenten Steuern in den USA ein wesentlicher Grund für die rückwirkende Änderung von Jahresabschlüssen.[4] In der EU börsennotierte Konzerne müssen seit 2005 ihre Abschlüsse nach den IFRS erstellen und veröffentlichen. Die IFRS enthüllen mehr als das HGB und schaffen es besser, angemessene Informationen über den Konzern zu geben.[5] Allerdings gelingt es derzeit kaum einem deutschen Unternehmen, fehlerfreie IFRS-Abschlüsse aufzustellen und den ausführlich geforderten Anhangsangaben zu genügen.[6] Hierfür dürften die Vorschriften zur Bilanzierung latenter Steuern (insbes. IAS 12) ein typisches Beispiel geben. Die Zwischenberichterstattung hat in Deutschland mit dem Transparenzrichtlinie-Umsetzungsgesetz deutlich an Bedeutung gewonnen, auch

---

[1] LANG, in: TIPKE/LANG, § 1 Rn.1.
[2] FROTSCHER 2005, S.9.
[3] Vgl. KESSLER in: KESSLER/KRÖNER/KÖHLER (HRSG.) 2004, § 1 Rn. 13-15.
[4] Vgl. LOITZ 2005, S.13.
[5] Vgl. HEINTGES 2007, S. 16.
[6] Vgl. KÜTING/KEßLER 2007, S. 24, zu den Ergebnissen der Überprüfungen durch die DPR.

wenn deren Nutzen strittig ist.[7] Die sehr kurz gefasste Regelung zu Ertragsteuern in Zwischenberichterstattungen (IAS 34) sowie deren Korrespondenz mit IAS 12 geben Anlass für Auslegungsfragen, und damit den Grund für diese Abhandlung.

1.2 Gang der Untersuchung und Eingrenzung des Themas

Den Ausgangspunkt der Betrachtungen sollen zunächst die allgemeinen Grundsätze zur Abbildung von laufenden und latenten Ertragsteuern in der Rechnungslegung sein. Es erfolgt eine Abgrenzung von allen anderen Steuerarten, die nicht Ertragsteuern sind und daher keinen Gegenstand dieser Arbeit bilden. Die allgemein theoretische Darstellung von Konzepten und Methoden der Ertragsteuerbilanzierung geht sodann der Erläuterung nach den verschiedenen Rechnungslegungssystemen voran. Hierbei wird ausschließlich auf die Rechnungslegung von Kapitalgesellschaften abgestellt, d.h. die für Personengesellschaften geltenden Besonderheiten werden nicht behandelt. Da die Zwischenberichterstattung primär ein Publizitätsinstrument der verschiedenen Finanzmärkte ist, liegt der Fokus auf den Berichtserfordernissen für kapitalmarktorientierte Unternehmen. Börsennotierte Unternehmen veröffentlichen meist nur konsolidierte Abschlüsse, daraus ergibt sich die Notwendigkeit, an geeigneter Stelle auch auf die speziellen Normen für Konzernabschlüsse einzugehen. Die gesamte Abhandlung erfolgt unter klarer Konzentration auf die Berücksichtigung des deutschen Ertragsteuerrechts. Damit bildet der Konzernabschluss eines in Deutschland börsennotierten (Mutter-) Unternehmens den zu würdigenden Grundfall.

Den Einstieg in das Thema der Bilanzierung von Ertragsteuern bilden die Regularien des deutschen Handelsrechts (HGB; DRS 10), dem schließt sich die Rechnungslegung nach dem Regelwerk der IFRS (IAS 12) an, gefolgt von einem Abgleich mit der Bilanzierung nach den US-GAAP (SFAS 109). Den Schwerpunkt bildet stets die Ertragsteuerabgrenzung, also die aktivischen und passivischen latenten Steuern. Aufbauend auf den Grundätzen der Ertragsteuerabbildung in (Konzern-) Jahresabschlüssen werden nun die Besonderheiten in der Zwischenberichterstattung betrachtet. Nach einem theoretischen Einstieg zu den Ansätzen der unterjährigen Erfolgsermittlung werden hier ebenfalls die deutschen Vorschriften (DRS 6 bzw. E-DRS 16), die IFRS-Normen (IAS 34) und ergänzend die US-GAAP-Standards (ABP 28, FIN 18) durchgesprochen. Dem folgt eine Diskussion der Anwendungsprobleme des IAS 34 in der Rechnungslegungspraxis mit dem Ziel einer kritischen Würdigung des derzeitigen Zustands.

---

[7] Vgl. HOFFMANN/LEIBFRIED, in: HAUFE IFRS-KOMM. 2007, § 37, Rn. 8.

Die Arbeit berücksichtigt den Rechtsstand vom 1. September 2007. Auf die möglichen Auswirkungen bereits beschlossener oder angekündigter Rechtsänderungen (wie UntStRefG 2008, JStG 2008, BilMoG oder IFRS-Konvergenzprojekte) wird teilweise gesondert eingegangen.

2 Allgemeines zu Ertragsteuern in der Rechnungslegung

2.1 Begriffliche Eingrenzung der Ertragsteuern

In Deutschland besteht wie in den meisten Staaten ein Dualismus zwischen Einkommensteuer (*tax on income*) und Körperschaftsteuer (*corporate income tax/ corporation tax*).[8] Die Einkommensteuer erstreckt sich subjektiv auf die Steuerpflicht natürlicher Personen (§ 1 EStG) und objektiv auf deren Einkommen (§ 2 EStG). Juristische Personen, wie Kapitalgesellschaften, u.a. Körperschaften/ Personenvereinigungen/Vermögensmassen, unterliegen mit ihrem Einkommen der Körperschaftsteuer (§§ 1 u. 8 KStG). Bemessungsgrundlage der Besteuerung bildet jeweils das zu versteuernde Einkommen (*taxable income*) gem. § 2 Abs. 5 EStG bzw. § 7 Abs. 1 KStG. Beide Steuerarten werden als Steuern vom bzw. auf das Einkommen bezeichnet. Die Gewerbesteuer wird auf Grundlage des Gewerbeertrages erhoben (§§ 6 u. 7 GewStG) und daher als Steuer vom Ertrag bezeichnet. Kapitalgesellschaften erzielen kraft ihrer Rechtsform ausschließlich gewerbliche Einkünfte (§ 8 Abs. 2 i.V.m. § 1 Abs. 1 Nr. 1 KStG u. § 15 Abs. 1 S. 1 Nr. 1 EStG) und unterhalten i.d.R. im Inland einen stehenden Gewerbebetrieb i.S.d. § 2 Abs. 1 GewStG. Zur Einkommen- bzw. Körperschaftsteuerschuld wird zusätzlich eine Ergänzungsabgabe in Form des Solidaritätszuschlages erhoben (§ 1 Abs. 1 SolzG).

Nach deutschem Handelsrecht werden in der Rechnungslegung von Kapitalgesellschaften die Körperschaft- und die Gewerbesteuer zzgl. der Annexsteuern als *Steuern vom Einkommen und Ertrag* zusammengefasst (§ 275 Abs. 2 bzw. 3 Nr. 18 HGB). Hier inbegriffen sind auch die als Quellensteuer erhobene Kapitalertragsteuer i.S.d. § 43 Abs. 1 EStG und die in ausländischen Staaten gezahlten Steuern, die mit den in Deutschland erhobenen Steuern vom Einkommen und Ertrag vergleichbar sind. [9] Der Gläubiger von Ertragsteuern kann verschieden sein. So wird die Körperschaftsteuer als Gemeinschaftssteuer von Bund und Ländern (Art. 106 Abs. 3 GG) erhoben und für die Gewerbesteuer haben die Gemeinden die Ertragshoheit inne (§ 1 GewStG).

---

[8] Vgl. JACOBS (HRSG.) 2007, S. 102.

[9] Vgl. WP HB I 2006, F 486. Angaben zu vergleichbaren Steuern vom Einkommen sind bei DBA-Ländern in Abschn. I des jeweiligen DBA zu finden (vgl. Art. 2 Abs. 3 OECD-MA). Für Nicht-DBA-Länder bot der Anhang 12 Verzeichnis ausländischer Steuern in Nicht-DBA-Staaten, die der deutschen Einkommensteuer entsprechen zu H 34c Abs. (1-2) EStH 2005, einen Überblick.

Unter dem Begriff der Ertragsteuern (*income taxes*) werden in der internationalen Rechnungslegung alle in- und ausländischen Steuern auf Grundlage der steuerpflichtigen Einkommen verstanden. Dies beinhaltet auch Quellensteuern, die von einem in einen Konzernabschluss einbezogenen Unternehmen an das berichtende (Mutter-)Unternehmen geschuldet werden.[10] Der Steuergläubiger kann eine (föderale) Bundesbehörde, ein (Bundes-)Land oder eine lokale Behörde sein.[11] Bei den Steuern muss es sich um betrieblichen Aufwand des Unternehmens handeln.

Die Ertragsteuerpflicht von Kapitalgesellschaften ergibt sich regelmäßig auf Grund eines örtlichen Anknüpfungsmerkmals, der sog. Ansässigkeit dieser juristischen Person. Körperschaften werden durch den Ort der Geschäftsleitung oder ein anderes ähnliches Merkmal steuerpflichtig.[12] Die in einem Staat ansässigen Personen werden von dessen Fiskus i.d.R. zur unbeschränkten Steuerpflicht herangezogen, d.h. deren sog. Welteinkommen unterliegt der Besteuerung. Da Personen in einem Staat auch lediglich wegen eines sachlichen Anknüpfungsmerkmals in Form einer einzelnen Einkunftsquelle (bspw. ein auf dessen Territorium belegenes Grundstück oder dort erzielte Lizenzeinnahmen) oder auch durch eine dort unterhaltene Betriebsstätte[13] beschränkt steuerpflichtig werden können, kann es zwischen Ansässigkeitsstaat und Quellenstaat zu einer Doppelbesteuerung kommen.[14] Da die Bemessungsgrundlagen für die ausländischen Einkünfte nur in seltenen Fällen exakt denen des deutschen Steuerrechts entsprechen dürften, lässt sich eine tatsächliche, d.h. anteilige Doppelbesteuerung des Einkommens praktisch kaum vermeiden.[15]

Für die handelsrechtliche Bilanzierung ist dies unerheblich, da grundsätzlich alle von der Gesellschaft als Steuersubjekt geschuldeten Ertragsteuern zu berücksichtigen sind. Die von den Gesellschaftern einer Kapitalgesellschaft geschuldeten Steuern (bei oder für eine Ausschüttung und bei einer evtl. Anteilsveräußerung oder ggf. sogar schon bei Wertsteigerung des Anteils) sowie Vermögen-, Verbrauch-, Verkehrssteuern und Zölle sind nicht unter den Ertragsteuern auszuweisen. Gleiches gilt für Steuern, die als

---

[10] Vgl. Art. 2 Abs. 2 OECD-MA, IAS 12.2.
[11] Vgl. Stichwort *Income taxes* in Appendix E: Glossary, SFAS 109, S. 113.
[12] Vgl. Art. 4 OECD-MA, § 1 Abs. 1 KStG i.V.m. §§ 10 u. 11 AO.
[13] Vgl. Art. 5 OECD-MA, § 12 AO i.V.m. § 49 Abs. 1 Nr. 2 EStG.
[14] Vgl. Fischer/Kleineidam/Warneke 2005, S. 28ff., Frotscher 2005, S. 3ff., Jacobs (Hrsg.) 2002, S. 3ff.
[15] Vgl. § 34d Nr. 1 i.V.m. § 34c EStG. Dies gilt insbes. bei der Abzugsmethode und beim Anrechnungsverfahren, § 34c Abs. 2 bzw. 3 EStG. Siehe auch Grotherr in: Grotherr (Hrsg.) 2003, S. 10ff. zur möglichen Vermeidung der Doppelbesteuerung durch internationale Steuerplanung sowie Tillmanns/Mössner in: Mössner u.a. (Hrsg.) 2005, S. 197-281 zur Beseitigung der Doppelbesteuerung durch nationales Recht und Staatsverträge.

Anschaffungskosten von Vermögenswerten (*assets*) zu aktivieren sind und für steuerliche Nebenleistungen (Straf- und Säumnisgebühren).[16] Der Begriff der Ertragsteuern beinhaltet neben den laufenden bzw. tatsächlichen Steuern der aktuellen Periode und den ggf. für Vorperioden geschuldeten oder als Erstattung erwarteten Steuerbeträgen (*current taxes*) auch die latenten Steuern aus der Steuerabgrenzung[17] (*deferred taxes*). Insoweit setzt sich die GuV-Position Ertragsteuern und die damit korrespondierenden Bilanzpositionen (Forderungen, Verbindlichkeiten, Rückstellungen bzw. Abgrenzungsposten als Bilanzhilfe) stets aus den zu einem Stichtag auf Grund des anzuwendenden Steuerrechts ggü. den relevanten Fiski bestehenden aktuellen Steuerschuldpositionen[18] oder Steuererstattungsansprüchen und den aus der Steuerabgrenzung ermittelten voraussichtlichen Beträgen zukünftiger Steuerbe- oder -entlastungen zusammen. „Das Problem der Abgrenzung latenter Ertragsteuern stellt sich, wenn Handelsbilanzgewinn und Steuerbilanzgewinn voneinander abweichen und somit die aus dem steuerlichen Ergebnis resultierenden ertragsteuerlichen Verbindlichkeiten in der Handelsbilanz in keinem sinnvollen und erklärbaren Zusammenhang zum veröffentlichten handelsrechtlichen Ergebnis stehen. Latente Steuern resultieren demnach aus der Steuerschuld aufgrund des steuerlichen Gewinns und einer fiktiven Steuerschuld aufgrund eines nicht durch steuerliche Bilanzierungsvorschriften beeinflussten Handelsbilanzgewinn."[19] Um eine periodengerechte Erfolgsermittlung durchzuführen und die Vermögenslage zutreffend auszuweisen, soll der zu einem handelsrechtlichen Ergebnis passende, „richtige" und eben nicht der nach den steuerrechtlichen Vorschriften für die Periode berechnete Steueraufwand berücksichtigt werden.[20]

2.2 Konzepte der Steuerabgrenzung

Zur Ermittlung der latenten Steuern werden zwei grundsätzlich unterschiedliche Konzepte genutzt: das Timing-Konzept und das Temporary-Konzept.[21]

Beim *Timing-Konzept*[22] erfolgt die Steuerabgrenzung rein GuV-orientiert, d.h. Bilanzierungs- und Bewertungsunterschiede werden nur erfasst, wenn sie sich

[16] KIRSCH/SIEFKE, in: BAETGE/KIRSCH/THIELE BILANZRECHT, § 275 Rn. 281-283, FÖRSCHLE in: BECK BILKOMM. 2006, § 275 Rn. 248-251. Dazu gehören auch Zinsen (bspw. nach § 233a AO).
[17] In der Literatur auch als latente Steuer*verrechnung* bezeichnet.
[18] Nach h.M. inklusive steuerlicher Haftungsschulden, vgl. DAHLKE 2006; S. 579 m.w.N.
[19] COENENBERG 2005, S. 431.
[20] Vgl. HOYOS/FISCHER, in: BECK BILKOMM. 2006, § 274 Rn. 4.
[21] Vgl. COENENBERG/HILLE 1997, S. 537; KLEIN 2001, S. 1451.
[22] Vgl. ARIANS 2000, S. 291f.; COENENBERG 2005, S. 431-436; RABENECK/REICHERT 2002, S. 1366f.

erfolgswirksam niederschlagen. Die zwischen dem handels- und dem steuerrechtlichen Ergebnis bestehenden Unterschiedsbeträge lassen sich dabei in drei Kategorien unterteilen:

- Zeitlich unbegrenzte Differenzen (*permanent differences*),
- Zeitlich begrenzte Differenzen (*timing differences*) und
- Quasi zeitlich unbegrenzte Differenzen.

Zeitlich unbegrenzte Differenzen entstehen, wenn sich in einer Periode entstandene Unterschiede zwischen Handels- und Steuerbilanzergebnis in den Folgeperioden nicht wieder ausgleichen. Deren Ursache bilden Geschäftsvorfälle, die entweder nur im handelsrechtlichen oder nur im steuerrechtlichen Abschluss Aufwand oder Ertrag darstellen. Beispiele hierfür sind steuerfreie Erträge wie Investitionszulagen nach dem InvZulG oder steuerlich nicht anerkannte Betriebsausgaben bzw. nichtabziehbare Aufwendungen (§ 4 Abs. 5 EStG, § 10 KStG).

Zeitlich begrenzte Differenzen ergeben sich, wenn Aufwendungen oder Erträge sowohl im Handels- als auch im Steuerbilanzergebnis erfasst werden, jedoch in unterschiedlichen Perioden erfolgswirksam sind. Im Zeitlauf gleichen sich diese Unterschiede automatisch wieder aus bzw. kehren sich ins Gegenteil um. Dabei sind alle vier Fälle möglich, d.h. handelsrechtlich können Aufwendungen oder Erträge eher erfasst werden als steuerrechtlich als auch umgekehrt. Typische Beispiele sind in der zeitlich unterschiedlichen Anerkennung der Bildung und Auflösung von Rückstellungen zu finden.[23]

Heben sich die Differenzen im Zeitlauf zwar formal auf, aber es benötigt dazu einer unternehmerischen Entscheidung, liegen also weder zeitlich unbegrenzte noch zeitlich begrenzte Differenzen vor, wird von *quasi-zeitlich unbegrenzten Differenzen* gesprochen. Zu jedem Stichtag ist die Disposition bzgl. dieser Sachverhalte zu überprüfen und ggf. eine Umqualifikation in zeitlich begrenzte Differenzen vorzunehmen.[24]

---

[23] So bspw. § 5 Abs. 3-4b u. § 6 Ab s. 1 Nr. 3 EStG i.V.m. R 5.7 EStR 1995 vs. § 249 HGB.
[24] Auf Grundlage von § 253 Abs. 2 S. 3 HGB bzw. § 6 Abs. 1 Nr.2 S. 2 u. 3 EStG.

Dies könnte bspw. bei einem handelsrechtlich niedriger bewerteten Grundstück, das zum Verkauf steht, der Fall sein. Im Extremfall kommt es erst mit der Veräußerung des betreffenden Vermögenswertes oder der Liquidation des ganzen Unternehmens zur Umkehr der Differenz(en).

Das *Temporary-Konzept* zur Steuerabgrenzung ist hingegen bilanzorientiert.[25] Hierbei wird grundsätzlich jede Bilanzierungs- und Bewertungsdifferenz zwischen Handels- und Steuerbilanz in die Berechnung der latenten Steuern einbezogen. Dies erfolgt auch, wenn die Unterschiedsbeträge bei ihrer Entstehung ergebnisneutral und erst bei der Auflösung ergebniswirksam erfasst werden. (Vollständige) Berücksichtigung finden auch die quasi-zeitlich begrenzten Differenzen. Nicht zu erfassen sind lediglich permanente Unterschiedsbeträge, wenn sie auf steuerlich außerbilanziellen Hinzurechnungen oder Kürzungen bei der Einkommensermittlung beruhen.[26] Das Konzept ist also deutlich weitergehender als das Timing-Konzept. Es werden vier Grundfälle der Steuerabgrenzung unterschieden:

- Vermögenswerte sind nur in der Handelsbilanz angesetzt bzw. dort höher bewertet als in der Steuerbilanz,
- Verbindlichkeiten sind in der Handelsbilanz nicht angesetzt bzw. dort niedriger bewertet als in der Steuerbilanz,
- Vermögenswerte sind nur in der Steuerbilanz angesetzt bzw. dort höher bewertet als in der Handelsbilanz und
- Verbindlichkeiten sind in der Steuerbilanz nicht angesetzt bzw. dort niedriger bewertet als in der Handelsbilanz.

Die beiden ersten Fälle führen zu passiven latenten Steuern, während die beiden letzten Fälle zu aktiven latenten Steuern führen.

2.3 Methoden zur Steuerabgrenzung

In der Bilanzierungspraxis werden zwei verschiedene Methoden der Steuerabgrenzung[27] genutzt: die Abgrenzungsmethode (*deferral* oder *deferred method*) und die Verbindlichkeitsmethode (*liability method*).

---

[25] Vgl. ARIANS 2000, S. 292f.; COENENBERG 2005, S. 437f.; RABENECK/REICHERT 2002, S. 1367.
[26] Bspw. nach § 4 Abs. 5 EStG, §§ 8 Abs. 3 S. 2 u. 10 KStG; vgl. Berechnungsschema des körperschaftsteuerlichen zvE in: FREIDANK/VELTE 2007, Abb. 185, S. 550.
[27] In der Literatur teilw. auch als *Verrechnungs*methoden oder *Bewertungs*methoden latenter Steuern bezeichnet, letzteres bspw. durch KLEIN 2001, S. 1452.

In der Literatur ist des Weiteren die *net-of-tax-method* entwickelt worden, bei der jedem einzelnen Vermögenswert in der Handelsbilanz sein entsprechender Steuereffekt (c.p. nach der steuerlichen Anerkennung seiner Abnutzung) exakt zugeordnet wird. Die Vermögenswerte werden demnach net-of-tax bewertet, was zu Verstößen gegen das Bruttoprinzip und das Saldierungsverbot führt. Die steuerlichen Konsequenzen aus der Bewertung und der Bewertungsvorgang selbst, d.h. Ursache und Wirkung werden vermischt. Das Verfahren gilt als unzweckmäßig und spielt in der Bilanzierungspraxis praktisch keine Rolle.[28]

Die *Abgrenzungsmethode* stellt den möglichst genauen Erfolgsausweis im Handelsbilanzergebnis in den Vordergrund und korrespondiert so mit dem bilanzdynamischen Timing-Konzept.[29] Der ausgewiesene Steueraufwand soll zum Vorsteuerergebnis passen (*matching principle*), dementsprechend wird der aktuelle Steuersatz der Periode verwendet. Der tatsächliche Steueraufwand ist um latente Steuerbeträge (*deferred charges* bzw. *deferred credits*) zu korrigieren. Diese haben Abgrenzungscharakter und nicht Vermögens- oder Schuldcharakter, da in ihnen keine rechtlich fundierte Forderung bzw. Verpflichtung gesehen wird. Bei späteren Steuersatzänderungen erfolgt keine Anpassung der Steuerabgrenzungsposten.

Die *Verbindlichkeitsmethode*[30] folgt der statischen Bilanztheorie und stellt den zutreffenden Vermögens- und Schuldausweis in den Vordergrund. Das ebenfalls bilanzorientierte Temporary-Konzept ist daher ausschließlich mit der Verbindlichkeitsmethode kompatibel, während diese durchaus auch mit dem Timing-Konzept verbunden werden kann. Aktive latente Steuern haben den Charakter von (ungewissen) Forderungen gegen den Fiskus (Vermögenswert). Sie verkörpern aus Handelsbilanzsicht entweder eine Steuervorauszahlung auf zukünftige Steuerbelastungen oder eine erwartete Minderung zukünftiger Steuerzahlungen. Passive latente Steuern werden als Verbindlichkeiten für zukünftige Steuerzahlungen betrachtet (Schuldcharakter), die in Folgeperioden beim Ausgleich der zu Grunde liegenden Differenz anfallen werden. Da diese Steuerforderungen und -verbindlichkeiten erst in der Zukunft anfallen, wird deren Berechnung mit künftigen Steuersätzen vorgenommen, die im Zeitpunkt des Ausgleichs zwischen Handels- und Steuerbilanz voraussichtlich gelten werden. Bestehen aus Vorperioden latente Steuerposten, sind diese bei einer Steuersatzänderung erfolgswirksam anzupassen.

[28] Vgl. COENENBERG/HILLE 1997, S. 538; COENENBERG 2005, S. 439, 443; ARIANS 2000, S. 294.
[29] Vgl. ARIANS 2000, S. 294; COENENBERG 2005, S. 439; RABENECK/REICHERT 2002, S. 1368.
[30] Vgl. ARIANS 2000, S. 294; COENENBERG 2005, S. 439; RABENECK/REICHERT 2002, S. 1368.

2.4 Weitere Kriterien der Steuerabgrenzung

Neben der (Bewertungs-)Methode und dem damit verbundenen Konzept sind bei der Steuerabgrenzung noch einige weitere Kriterien zu beachten.

Grundsätzlich stellt sich die Frage, ob die errechneten Steuerabgrenzungsbeträge in der jeweiligen Handelsbilanz anzusetzen sind (*Ansatzpflicht* vs. Ansatzverbot oder Wahlrecht). Erfolgt der Ansatz von latenten Steuern ist über deren *Ausweis* (Vermögenswert/Schuld vs. Abgrenzungsposten oder Bilanzierungshilfe) zu befinden. Damit im Zusammenhang steht die Problematik der *Fristigkeit* der Steuerabgrenzungsposition(en), d.h. die Unterscheidung in lang- und/oder kurzfristige Darstellung und der evtl. *Diskontierung* sowie der möglichen *Saldierung* der aktiven und passiven Steuerlatenzen (Gebot, Verbot oder Wahlrecht).[31]

Um die Höhe der latente Steuern zu einem Stichtag zu berechnen, muss die Differenz zwischen dem handels- und dem steuerrechtlichen Ansatz ermittelt werden. Dabei gibt es zwei mögliche Vorgehensweisen: die Einzel- und die Gruppenbewertung, auch als Einzel- und Gesamtdifferenzenbetrachtung bezeichnet. [32] Bei der *Einzeldifferenzenbetrachtung* wird jeder einzelne Geschäftsvorfall hinsichtlich seiner möglichen Verursachung eines Unterschiedsbetrags untersucht und über seine „Lebensdauer" fortgeführt. Durch diese aufwendige, aber sehr genaue Methode gelingt die getrennte Ermittlung und Abbildung der Entwicklung aller aktiven und passiven Latenzen. Bei der *Gesamtdifferenzenbetrachtung* wird lediglich dem handelsrechtlichen Vorsteuerergebnis (*earnings before tax – EBT*) das steuerpflichtige Ergebnis gegenübergestellt und um zeitlich unbegrenzte Differenzen bereinigt. Der verbleibende Unterschiedsbetrag führt dann zu einer aktiven oder passiven Steuerlatenz, was eine Saldierungsmöglichkeit voraussetzt. Je nachdem, ob die Neubildungen und Auflösungen von zeitlich begrenzten Differenzen getrennt betrachtet werden (Brutto-Methode, *gross-change-method*) oder diese bei gleicher Entstehungsursache zunächst saldiert werden (Netto-Methode, *net-change-method*) ergeben sich bei geänderten Steuersätzen unterschiedliche Abgrenzungswerte.[33]

---

[31] Vgl. HAYN/WALDERSEE 2004, S. 206f. u. S. 212f.
[32] Vgl. ARIANS 2000, S. 293; COENENBERG 2005, S. 444f.; RABENECK/REICHERT 2002, S. 1367f.
[33] Vgl. COENENBERG 2005, S. 445f.

Die oben genannten zwei Konzepte[34] bedingen bereits weitestgehend die Berücksichtigung von temporären Unterschiedsbeträgen in der Steuerabgrenzung, die Nichtabgrenzung für permanente Differenzen und die Behandlung von quasipermanenten Differenzen und den zu verwendenden Steuersatz (aktueller vs. zukünftiger). Durch Rechnungslegungsnormen ist des Weiteren zu klären, wie mit erfolgsneutral entstandenen Differenzen verfahren wird, wie bei Vermögenswerten, die zum Stichtagszeitwert (fair value) angesetzt werden, vorzugehen ist und wie latente Steueransprüche aus Verlustvorträgen bzw. Steuergutschriften zu berücksichtigen sind. Weitere Probleme stellen sich für die Steuerabgrenzung bei Unternehmenszusammenschlüssen (Wertansätze der stillen Reserven und Lasten, erworbene Verlustvorträge) und für das komplexe Feld der Konzernabschlüsse. Hierbei ist neben den Latenzen aus der Kapitalkonsolidierung auch der Frage des zu verwendenden (Konzern-)Steuersatzes Augenmerk zu widmen. Notwendig sind auch Vorgaben für die im Anhang zu erläuternden Aspekte der Steuerabgrenzung.

[34] Siehe Abschn. 2.2.

3 Ertragsteuern in der Rechnungslegung nach HGB

3.1 Ertragsteuern im HGB-Einzelabschluss

Auf Grund der Tatsache, dass eine Vielzahl börsennotierter deutscher Kapitalgesellschaften bis zur Einführung einer Bilanzierung nach internationalen Rechnungslegungsgrundsätzen ausschließlich HGB-Abschlüsse (gem. §§ 238-262 zzgl. §§ 264-289 HGB) aufgestellt hat, sollen die Grundsätze der Steuerabgrenzung im deutschen Handelsrecht (§ 274 HGB) vorab betrachtet werden. Für den HGB-Einzelabschluss war das Konzept der Steuerabgrenzung lange Zeit ohne große Bedeutung.[35] In die deutsche Rechnungslegung wurde es erst mit dem BiRiLiG[36] aufgenommen[37] und gewann insbesondere durch das Steuerentlastungsgesetz 1999/2000/2001[38] an Relevanz. Bis zu diesem Zeitpunkt war es möglich, eine sog. Einheitsbilanz zu erstellen, d.h. Handels- und Steuerbilanz der Gesellschaft waren weitestgehend deckungsgleich.[39] Dies beruhte auf dem in Deutschland etablierten unikaten Konzept der (umgekehrten) Maßgeblichkeit.[40] Fortan hat der Steuergesetzgeber eine ganze Reihe von Vorschriften eingeführt, die mehrheitlich (zeitlich früher) ein höheres zu versteuerndes Einkommen als handelsrechtliches Ergebnis zur Folge haben. Da sich diese Effekte in den Folgeperioden meist ausgleichen, kommt es verstärkter zur Entstehung aktiver latenter Steuern.

Gemäß § 5 Abs. 1 S. 1 EStG ist steuerbilanziell das Betriebsvermögen anzusetzen, das nach den handelsrechtlichen GoB auszuweisen ist. Der Bilanzierende führt praktisch eine HGB-Buchhaltung, von der er zum steuerlichen Ergebnis überleitet. Diese Anpassungen sind durch Zusätze oder Anmerkungen zur HGB-Bilanz zu dokumentieren, eine eigenständige Steuerbilanz wird indes nicht verlangt (§ 60 Abs. 2 EStDV) und nach § 274 HGB auch nicht erforderlich.[41]

Unterscheidet sich das handels- vom steuerrechtlichen Ergebnis, entspricht der tatsächliche (effektive) Steueraufwand nicht dem (fiktiven) Steueraufwand, der laut Handelsbilanzergebnis auszuweisen wäre. Nach § 274 HGB ist für diese Differenz

---

[35] Vgl. HOYOS/FISCHER, in: BECK BILKOMM. 2006, § 274 Rn.1; EBERHARTINGER, in: BAETGE/ KIRSCH/THIELE BILANZRECHT, § 274 Rn. 3.

[36] Bilanzrichtliniengesetz v. 19.12.1985, BGBl. I S. 2355.

[37] Vgl. ADS 2000, § 274 Rn. 3.

[38] Steuerentlastungsgesetz v. 24.03.1999, BGBl. I S. 402.

[39] Vgl. EBERHARTINGER, in: BAETGE/ KIRSCH/THIELE BILANZRECHT, § 274 Rn. 3.

[40] § 5 Abs. 1 EStG; §§ 247 Abs. 3, 254, 273, 279 Abs. 2, 280 Abs. 2 HGB.

[41] Grundsätzlich wäre dies m.E. aber sinnvoll und hilfreich; zur Notwendigkeit der Aufstellung von Steuerbilanzen für Zwecke der internationalen Rechnungslegung siehe Abschn. 2.3 und 4.2; Zur Zuhilfenahme eines (Einzel-)Differenzenspiegels vgl. RABENECK/REICHERT 2002, S. 1372.

ein Steuerabgrenzungsposten vorgesehen, wenn sie sich in den Folgeperioden voraussichtlich wieder ausgleicht. Die Berücksichtigung nur zeitlich begrenzter Differenzen ist der *GuV-orientierten Methode* und damit nach h.M. dem *Timing-Konzept* geschuldet.[42] Permanente Differenzen werden nicht in die Abgrenzung einbezogen, für quasi-permanente Differenzen ist dies nach h.M. vor allem wegen der mangelnden Prognosefähigkeit ihrer Umkehr ebenfalls nicht vorgesehen.[43] Die Vorschrift stellt auf eine *Gesamtdifferenzenbetrachtung* ab, da nur der gesamte Steueraufwand des Geschäftsjahres und früherer Geschäftsjahre betrachtet wird.[44] Eine *Saldierung* von aktiven und passiven latenten Steuern wird implizit unterstellt[45] und somit nach der Brutto-Methode[46] immer nur die Abgrenzungsspitze (Saldo) der voraussichtlichen Steuerbelastungen und -entlastungen gezeigt.[47]

Ist in den nachfolgenden Perioden eine *Steuerbelastung* zu erwarten, weil der steuerrechtlich ermittelte Steueraufwand bezogen auf das Handelsbilanzergebnis zu niedrig wäre,[48] ist in Höhe der voraussichtlichen Steuerbelastung eine Rückstellung zu bilden (*Ansatzgebot* für passive latente Steuern gem. § 274 Abs.1 HGB). Die Vorschrift dient lediglich der Klarstellung, da sich aus § 249 Abs. 1 S. 1 HGB bereits die Pflicht zur Bildung einer Rückstellung für ungewisse Verbindlichkeiten ergibt.[49] In der Bilanz[50] oder im Anhang ist diese Rückstellung gesondert anzugeben.

Wird in den Folgeperioden eine *Steuerentlastung* erwartet,[51] darf auf der Aktivseite der Bilanz ein Abgrenzungsposten als Bilanzierungshilfe gebildet werden (*Ansatzwahlrecht* für aktive latente Steuern gem. § 274 Abs. 2 HGB). Gleichzeitig tritt korrespondierend

---

42 Vgl. HAYN/WALDERSEE 2004, S. 207.

43 Vgl. ADS 2000, § 274 Rn. 16 u. 21; a.A. HOYOS/FISCHER in BECK BILKOMM. 2006, § 274 Rn. 9 mit Verweis auf die nunmehr gegebene Ausstrahlung von DRS 10.5 auf den Einzelabschluss, die eine „praktische Bilanzorientierung" hervorbringt und auch quasi-permanente Differenzen einbezieht.

44 Vgl. ADS 2000, § 274 Rn. 19-22.

45 Vgl. RABENECK/REICHERT 2002, S. 1372; § 274 HGB geht als lex speciales dem Saldierungsverbot des § 246 Abs. 2 HGB vor.

46 EBERHARTINGER, in: BAETGE/KIRSCH/ THIELE BILANZRECHT, § 274 Rn. 118.

47 Vgl. ADS 2000, § 274 Rn. 21. Der Bilanzausweis kann jedoch auch getrennt erfolgen (vgl. ebenda Rn. 22), was dem Gläubigerschutzgedanken wohl besser entsprechen dürfte. Bei wesentlichen kurzfristigen Steuerbelastungen wird ein unsaldierter Ausweis empfohlen, vgl. HOYOS/FISCHER, in: BECK BILKOMM. 2006, § 274 Rn. 14; WP HB I 2006, F 340.

48 Aktuelle Verursachungsbsp. sind zu finden bei HOYOS/FISCHER, in: BECK BILKOMM. 2006, § 274 Rn. 21 u. 26-30 sowie EBERHARTINGER, in: BAETGE/KIRSCH/ THIELE BILANZRECHT, § 274 Rn. 51; RABENECK/REICHERT 2002, S. 1370.

49 Vgl. HOYOS/RING, in: BECK BILKOMM. 2006, § 249 Rn. 24; HOMMEL, in: BAETGE/KIRSCH/ THIELE BILANZRECHT, § 249 Rn. 31-33; RABENECK/REICHERT 2002, S. 1368.

50 Ausweis als Untergliederung oder davon-Vermerk der Steuerrückstellungen oder auch als Sonderposten davor oder danach; vgl. WP HB I 2006, F 339.

51 Aktuelle Verursachungsbsp. sind zu finden bei HOYOS/FISCHER, in: BECK BILKOMM. 2006, § 274 Rn. 41-43 sowie EBERHARTINGER, in: BAETGE/KIRSCH/ THIELE BILANZRECHT, § 274 Rn. 56; RABENECK/REICHERT 2002, S. 1370f.

eine *Ausschüttungssperre* ein (§ 274 Abs. 2 S. 3 HGB). Nach h.M. ist der Posten unter den Rechnungsabgrenzungsposten gesondert auszuweisen.[52] Die teilweise Ausübung des Wahlrechts (Ansatz von Zwischenwerten von null bis zum vollen Betrag des Aktivpostens) wird als zulässig betrachtet.[53] Das Wahlrecht kann jede Periode neu ausgeübt werden.[54] Die Nachholung in Perioden, die dem erstmaligen Auftreten der aktiven Steuerlatenz folgen, wird als zulässig erachtet.[55]

Zur *Abzinsung* des Steuerabgrenzungspostens findet sich im Gesetz keine Aussage. Nach h.M. wird die Abzinsung abgelehnt, weil sie primär der periodengerechten Erfolgsermittlung dienen soll.[56] Die Aktivierung einer aus einem *Verlustvortrag* resultierenden Steuerentlastung in nachfolgenden Perioden wird nach h.M. abgelehnt.[57] Die Steuerabgrenzung in Verlustperioden ist in der Vorgehensweise grundsätzlich gleich der in Gewinnjahren. Durch Bewertung und Prognose können sich jedoch Anpassungen ergeben.[58] Da nach der Vorschrift des § 274 HGB eindeutig auf die voraussichtlichen Steuerbe- und -entlastungen in den Folgeperioden abgestellt wird, ist für die Bewertung nach h.M. die *Verbindlichkeitsmethode* anzuwenden.[59] Somit sind die in den Umkehrperioden gültigen Steuersätze - soweit bekannt - heranzuziehen. Steuersatzänderungen sind zu berücksichtigen, wenn sie hinreichend konkretisiert sind.[60] Die Anpassungen erfolgen ergebniswirksam.[61] In Deutschland kommt ein kombinierter Steuersatz aus Körperschaftsteuer (25 v.H. bzw. 15 v.H. gem. § 23 Abs. 1 KStG) zzgl. Solidaritätszuschlag (5,5 v.H. auf die KSt gem. § 4 SolZG) und Gewerbesteuer (in Abhängigkeit von den Hebesätzen gem. § 16 Abs. 1 GewStG) zur Anwendung.[62]

---

[52] Vgl. WP HB I 2006, F 232; auch Ausweis *nach* den RAP, vgl. HOYOS/FISCHER, in: BECK BILKOMM. 2006, § 274 Rn.71; Ausweis als sonstiger Vermögensgegenstand eher unüblich.

[53] Vgl. EBERHARTINGER, in: BAETGE/KIRSCH/ THIELE BILANZRECHT, § 274 Rn. 121, die in der vom Gesetzgeber geschaffenen Möglichkeit der Aktivierung einer Bilanzierungshilfe als letztlichen Zweck eine bewusste Einräumung der Möglichkeit der Gewinnmanipulation sieht.

[54] Da kein Stetigkeitsgebot für Bilanzierungshilfen besteht, vgl. HAFNER, BFuP 1986, S. 373, 378f.; SCHILDBACH, DB 1988, S. 57, 61, zitiert in: EBERHARTINGER, in: BAETGE/KIRSCH/ THIELE BILANZRECHT, § 274 Rn. 119.

[55] Vgl. WP HB I 2006, F 236; HAFNER, BFuP 1986, S. 373, 378f., zitiert in: EBERHARTINGER, in: BAETGE/KIRSCH/ THIELE BILANZRECHT, § 274 Rn. 122.

[56] Vgl. ADS 2000, § 274 Rn. 33f.; HOYOS/FISCHER in BECK BILKOMM. 2006, § 274 Rn. 17; EBERHARTINGER, in: BAETGE/KIRSCH/ THIELE BILANZRECHT, § 274 Rn.81; WP HB I 2006, F 236; zum Stand der Diskussion vgl. LOITZ/RÖSSEL 2002, S. 646.

[57] Vgl. ADS 2000, § 274 Rn. 28; HOYOS/FISCHER in BECK BILKOMM. 2006, § 274 Rn. 18.

[58] Vgl. HOYOS/FISCHER, in: BECK BILKOMM. 2006, § 274 Rn. 66.

[59] Vgl. HOYOS/FISCHER, in: BECK BILKOMM. 2006, § 274 Rn. 61.

[60] Vgl. EBERHARTINGER, in: BAETGE/KIRSCH/ THIELE BILANZRECHT, § 274 Rn. 78, wonach faktisch die Verabschiedung durch den Bundesrat genügt.

[61] Vgl. HOYOS/FISCHER, in: BECK BILKOMM. 2006, § 274 Rn. 63.

[62] Die Anwendung eines gespaltenen KSt-Satzes (für ausgeschüttete vs. thesaurierte Gewinne) ist seit der Ablösung des Anrechnungs- durch das Halbeinkünfte-Verfahren durch das Steuersenkungsgesetz v. 23.10.2000 (BGBl. I S. 1433) ab VZ 2001 nicht mehr erforderlich, auf die Auswirkungen im

Neben allgemeinen Erläuterungspflichten werden in § 274 HGB keine weiteren Informationen im *Anhang* zur Offenlegung der Steuerabgrenzung verlangt.[63] Gerade in Fällen der Ausübung des Wahlrechtes zu einer Nichtaktivierung von aktiven latenten Steuern, wäre eine Anhangserläuterung von Interesse, wird aber nicht gefordert.[64] Die Steuerabgrenzungsposten brauchen nicht nach *Fristigkeiten* aufgeteilt oder erläutert werden.[65] Alle Steueraufwands- oder -ertragsbuchungen für die Steuerabgrenzung, inkl. Anpassungen von Vorperioden und Steuersatzänderungen, sind in der *GuV* unter den „Steuern vom Einkommen und Ertrag" zu zeigen. Eine Trennung des effektiven vom latenten Steueraufwand erscheint sinnvoll, ist aber ebenfalls nicht zwingend erforderlich.[66]

Die Vorschrift des § 278 HGB zur Berechnung der Steuern vom Einkommen und Ertrag auf der Grundlage eines Gewinnverwendungsvorschlages bzw. -beschlusses hat seit 2001 an Bedeutung verloren.[67] Die Steuerabgrenzung nach § 274 HGB hat auf die Ermittlung des zu versteuernden Einkommens und damit die effektive Steuer selbst, keinen Einfluss.[68]

3.2 Ertragsteuern im HGB-Konzernabschluss

Handelt es sich bei der bilanzierenden Kapitalgesellschaft mit Sitz in Deutschland um ein Mutterunternehmen i.S.d. § 290 Abs. 2 HGB, so sind von ihr ein Konzernabschluss und ein Konzernlagebericht nach den Regelungen der §§ 290-315a HGB aufzustellen. Die Vorschriften zur Prüfung und Offenlegung (§§ 316-329 HGB) finden auf den Konzernabschluss/Konzernlagebericht entsprechende Anwendung. Die Thematik der Ertragsteuern wird über § 298 Abs. 1 HGB für den Konzernabschluss analog den Vorschriften für den Einzelabschluss (§ 274 HGB) geregelt. Für den Konzernabschluss werden explizit nur in § 306 HGB „Steuerabgrenzung" Bestimmungen niedergelegt. Die Vorschrift betrifft nach dem Wortlaut nur die latenten Steuern, welche im Rahmen der *erfolgswirksamen* Konsolidierungsmaßnahmen bei der Vollkonsolidierung (§§ 300-307 HGB)

Übergangszeitraum bis 2015 in Folge von KSt-Minderungen bzw. –erhöhungen gem. §§ 37, 38 KStG wird verwiesen. Für die GewSt sollte auf einen durchschnittlichen, d.h. gewichteten Hebesatz der zukünftig erwarteten Zerlegung gem. §§ 28-34 GewStG zurückgegriffen werden; vgl. FISCHER 2002, S. 677.

[63] Vgl. EBERHARTINGER, in: BAETGE/KIRSCH/ THIELE BILANZRECHT, § 274 Rn. 129.

[64] Vgl. WP HB I 2006, F 641.

[65] Vgl. ADS 2000, § 274 Rn. 59f.; FÖRSCHLE, in: BECK BILKOMM. 2006, § 275 Rn. 244-246.

[66] Vgl. EBERHARTINGER, in: BAETGE/KIRSCH/ THIELE BILANZRECHT, § 274 Rn. 109, 128.

[67] Vgl. Fn. 62 zum nunmehr ausschüttungsunabhängigen KSt-Satz. Lediglich die Thematik der verdeckten Gewinnausschüttung i.S.v. § 8 Abs. 3 S. 2 KStG ist unverändert zu beachten.

[68] Vgl. WEBER-GRELLET, in: SCHMIDT (HRSG.) 2006, § 5 Rn. 270 Latente Steuern.

auftreten. Über § 310 Abs. 2 HGB sind sie jedoch auch bei der anteilsmäßigen Konsolidierung (Quotenkonsolidierung) entsprechend anzuwenden. Wird vom Wahlrecht der quotalen Konsolidierung (§ 310 Abs. 1 HGB) kein Gebrauch gemacht oder handelt es sich um assoziierte Unternehmen i.S.d. § 311 Abs. 1 HGB, findet die Steuerabgrenzung nach § 306 HGB für diese Unternehmen im Konzernabschluss keine Anwendung. Die effektiven Steuern der in den Konzernabschluss einbezogenen Unternehmen werden aus deren Einzelabschlüssen nach landesspezifischem Recht (Handelsbilanzen I – HB I) unverändert bzw. nach den Konsolidierungsregeln des HGB[69] übernommen.

Das Konzept der Steuerabgrenzung im Konzernabschluss ist dreistufig.[70] Grundlage der Erstellung des Konzernabschlusses sind in der *ersten Stufe* die HB I, in denen die latenten Steuern - wie im vorherigen Abschnitt dargestellt – nach §§ 274 HGB bzw. landesspezifischem Recht enthalten sind. Auf der *zweiten Stufe* bringt das Erfordernis der einheitlichen Bewertung von Vermögensgegenständen, Schulden und (Rechnungs-)Abgrenzungsposten für die Einbeziehung in den Konzernabschluss (§ 300 Abs. 2 i.V.m. § 308 Abs. 1 HGB) ggf. die Notwendigkeit von Anpassungen in den Einzelabschlüssen mit sich. Wurden die HB I nicht (auch) nach HGB aufgestellt,[71] muss nun eine Überleitung durchgeführt werden, in deren Ergebnis die sog. Handelsbilanzen II (HB II) entstehen. Hierbei erfolgt eine korrespondierende Anpassung der Steuerabgrenzung gem. § 274 i.V.m. § 298 Abs. 1 HGB.[72] In der *dritten Stufe*, der eigentlichen Aufstellung der Konzernbilanz, greift dann die Vorschrift des § 306 HGB zur Steuerabgrenzung auf Grund erfolgswirksamer Konsolidierungsmaßnahmen.

Die Steuerabgrenzung im Konzernabschluss folgt der Fiktion des Konzerns als Steuersubjekt.[73] Auch wenn das einzelne rechtlich selbständige Unternehmen grundsätzlich Steuersubjekt ist,[74] soll hier die Vermögens-, Finanz- und Ertragslage so dargestellt werden, als wenn es sich insgesamt um ein einziges Unternehmen

---

[69] D.h. ggf. quotaler Ansatz (§ 310 HGB) oder sie sind im Beteiligungswertansatz bei der Equity-Methode (§ 312 Abs. 1 HGB) verarbeitet.

[70] Vgl.: ADS 2000, § 306 Rn. 25; HOYOS/FISCHER, in: BECK BILKOMM. 2006, § 306 Rn. 3.

[71] Dies dürfte insbes. bei Auslandsgesellschaften regelmäßig der Fall sein, vgl. zu den vorbereitenden Maßnahmen der Steuerabgrenzung WEIßENBERGER 2006, S. 931.

[72] Dies beinhaltet auch die Währungsumrechnung gem. § 244 i.V.m. § 298 HGB, denn sie gilt nicht als Konsolidierungsmaßnahme i.S.d. §§ 303 ff. HGB und ist daher kein Anwendungsfall des § 306 HGB, vgl. HOYOS/FISCHER, in: BECK BILKOMM. 2006, § 306 Rn. 9.

[73] Vgl. ADS 2000, § 306 Rn. 11.

[74] Der Ausnahmefall der Organschaft im deutschen Steuerrecht (§§ 14-19 KStG) oder anderweitige landesspezifische Regelungen zu *income tax groups* sollen hier außer Betracht bleiben.

handelt. Es wird eine fiktive Besteuerung des Konzernergebnisses unterstellt, unabhängig davon, dass die in der Periode tatsächlich rechtlich entstandene Steuerbelastung mit diesem Steueraufwand nicht übereinstimmt.[75] Eine Steuerabgrenzung nach § 306 HGB kommt bei den folgenden Konsolidierungsmaßnahmen in Betracht: Kapitalkonsolidierungsmaßnahmen (§ 301 HGB), erfolgswirksame Schuldenkonsolidierung (§ 303 HGB), Eliminierung von Zwischenergebnissen (§ 304 HGB) sowie Aufwands- und Ertragskonsolidierung (§ 305 HGB).[76]

Analog § 274 HGB sind die Steuerabgrenzungen zu saldieren und die Abgrenzungsspitze ist im Ergebnis entweder als Rückstellung oder als Abgrenzungsposten auf der Aktivseite (kein Wahlrecht) auszuweisen. Die Zusammenfassung (Gesamtsaldierung) der latenten Steuern aus den HB II nach § 274 HGB und denen aus der Konzernkonsolidierung ist nach § 306 S. 3 HGB erlaubt. Unterbleibt das Zusammenfassen aller Steuerabgrenzungen, kann also neben einem Passivposten gem. § 306 HGB auch ein Aktivposten nach § 274 HGB (oder umgekehrt) gezeigt werden.[77] Der Konzernsteuerabgrenzungsposten ist in der Bilanz oder im Anhang gem. § 306 S. 2 HGB gesondert anzugeben. Aus § 313 Abs. 1 S. 2 Nr. 1 HGB ergibt sich eine darüber hinausgehende Erläuterungspflicht, wonach die gewählte Abgrenzungsmethode (Angaben zum Steuersatz) zu erläutern sind.[78]

3.3 Internationalität im HGB-Abschluss durch DRS 10

Der deutsche Gesetzgeber sah sich 1998 veranlasst, Möglichkeiten für eine stärkere Annäherung der deutschen Rechnungslegungsvorschriften an die internationalen Grundsätze zu eröffnen (§ 342 HGB). Eine privatrechtlich organisierte Einrichtung soll u.a. Empfehlungen zur Anwendung der (internationalen) Grundsätze über die Konzernrechnungslegung nach deutschem Handelsrecht entwickeln. Als nationale Standardisierungsorganisation wurde das DRSC geschaffen und am 03.09.1998 vom BMJ anerkannt.[79] Fortan wurden vom DSR, einem Gremium des DRSC, eine Reihe von Empfehlungen (Standards) zur Anwendung der Grundsätze über die Konzernrechnungslegung entwickelt und verabschiedet. Insoweit diese Standards

[75] Vgl. HOYOS/FISCHER, in: BECK BILKOMM. 2006, § 306 Rn. 2.
[76] Vgl. ADS 2000, § 306 Rn. 26-35; HOYOS/FISCHER, in: BECK BILKOMM. 2006, § 306 Rn. 11-26; EBERHARTINGER, in: BAETGE/KIRSCH/ THIELE BILANZRECHT, § 306 Rn. 40-51.
[77] Vgl. EBERHARTINGER, in: BAETGE/KIRSCH/ THIELE BILANZRECHT, § 306 Rn. 100.
[78] Vgl. ADS 2000, § 306 Rn. 46-49; EBERHARTINGER, in: BAETGE/KIRSCH/ THIELE BILANZRECHT, § 306 Rn. 106; MÜLLER, in: BAETGE/KIRSCH/ THIELE BILANZRECHT, § 313 Rn. 51.
[79] Vgl. DRSC 2007a.

gem. § 342 Abs. 2 HGB vom BMJ bekannt gemacht werden, sind sie als GoB der deutschen Konzernrechnungslegung zu beachten.[80] Die DRS gelangen nur für Unternehmen zur Anwendung, die nicht nach § 315a HGB einen befreienden IFRS-Konzernabschluss bzw. gem. der Übergangsvorschrift des Art. 57 EGHGB nach weiterhin international anerkannten Rechnungslegungsstandards berichten,[81] d.h. für alle kapitalmarktorientierten Unternehmen sind die DRS nicht verbindlich (§ 315a Abs. 2 HGB). Verbleiben als Anwendungsbereich nur noch die (freiwilligen) Konzernabschlüsse von nicht-kapitalmarktorientierten Unternehmen, die auch das Wahlrecht des § 315a Ab. 3 HGB zum befreienden IFRS-Abschluss nicht nutzen. Eine Ausnahme wird in solchen DRS gesehen, die sich mit deutschen Spezifika befassen, die innerhalb der IFRS (noch) nicht geregelt sind.[82] Da eine strikte Trennung der Einzelabschluss-GoB von den Konzernabschluss-GoB über die Grundsatzvorschrift des § 297 Abs. 2 HGB kaum möglich ist, kommt es zur Ausstrahlung der DRS auf HGB-Einzelabschlüsse.[83]

Zur Thematik Latente Steuern im Konzernabschluss wurde in 2002 der DRS 10 nach § 342 Abs. 2 HGB bekannt gemacht.[84] Der Standard geht erheblich über die Vorschriften der §§ 274 u. 306 HGB hinaus und weicht von der bisher h.M. zur HGB-Steuerabgrenzung deutlich ab[85] oder wird sogar als „praktisch völlig IAS 12 entsprechend" gesehen.[86] Die wesentlichen Unterschiede zu den in den beiden vorangegangenen Abschnitten beschriebenen Grundsätzen der Steuerabgrenzung in Einzel- und Konzernabschlüssen nach HGB sollen nachfolgend aufgeführt werden.[87]

---

[80] Lt. Gesetzeswortlaut des § 342 Abs. 2 HGB ist dies lediglich eine Vermutung, vgl. FÖRSCHLE in: BECK BILKOMM. 2006, § 342 Rn. 7-9; So wird auch im *Anwendungshinweis* innerhalb der *Vorbemerkung* zu den DRS formuliert. Der Text der Standards enthält nach Angabe des Hrsg. nur solche Regelungen, die den Ansatz-, Ausweis- und Bewertungsvorschriften des HGB entsprechen, vgl. *Grundsätzliche Anmerkung*, die den DRS vorangestellt ist. Weitergehende Empfehlungen werden – in Hoffnung/Erwartung baldiger Gesetzesanpassungen - in den jeweiligen Anhängen informativ aufgeführt. BORN sieht in den DRS lediglich noch einen „Abklatsch der IAS/IFRS bzw. US-GAAP", der seit 2005 keine Bedeutung mehr hat, vgl. BORN 2007, S. 407f.

[81] Allgemein sind dies die US-GAAP, aber auch die UK-GAAP können hier subsumiert werden.

[82] Vgl. BUSSE VON COLBE 2004, S. 2067 zur Steuerabgrenzung; COENENBERG 2005, S. 49 unter Hinweis auf die DRS 5 Risikoberichterstattung u. DRS 15 Lageberichterstattung; so auch E-DRS 16 i.V.m. dem WpHG i.d.F.d. TUG u. dem HGB.

[83] Vgl. FÖRSCHLE in: BECK BILKOMM. 2006, § 342 Rn. 4.

[84] Änderungen erfolgten per 07.11.2003/02.07.2004 u. redaktionell per 15.07.2005/31.08.2005; der urspr. Standardentwurf v. 13.07.2001 wurde als E-DRS 12 bezeichnet.

[85] Vgl. HOYOS/FISCHER, in: BECK BILKOMM. 2006, § 306 Rn. 1.

[86] Vgl. WAGENHOFER 2005, S. 338.

[87] Weiterführende Erläuterungen werden im Abschn. 2.3 zu IAS 12 gegeben.

DRS 10 versucht, einen „gewissen Spagat“ zwischen dem GuV-orientierten Timing-Konzept und dem bilanzorientierten Temporary-Konzept.[88] Sein *modifiziertes Timing-Konzept* ist eine Vermischung beider Abgrenzungssysteme und kann zu Unsicherheiten in der Bilanzierung führen.[89] Auch wenn in der Empfehlung DRS 10.A5 das Temporary-Konzept favorisiert wird, kommt es durch die Einbeziehung der quasi-permanenten Differenzen (DRS 10.5) und die Bildung von latenten Steuern auf zeitliche Differenzen aus der Aufdeckung von stillen Reserven und stillen Lasten bei der Kapitalkonsolidierung (DRS 10.16) zu einer DRSC-eigenen Auslegung des Timing-Konzeptes, die im Widerspruch zu § 274 HGB bzw. § 306 HGB steht.[90] Im Übrigen unterscheidet der Standard nicht zwischen den Ebenen des Einzel- und des Konzernabschlusses bei der Konsolidierung, so dass diese Grundkonzeption, ebenso wie die unten aufgeführten weiteren Regelungen, auch auf die Steuerabgrenzung im Einzelabschluss rückwirkt.[91]

Aktive latente Steuern auf zeitliche Differenzen, deren zukünftige Abzugsfähigkeit „hinreichend wahrscheinlich“ ist, sind nach DRS 10.8 stets anzusetzen. Das gesetzliche Wahlrecht des § 274 Abs. 2 HGB in der HB I wird durch DRS 10.10 eingeschränkt, es besteht eine grundsätzliche *Aktivierungspflicht.*[92]

Nach DRS 10.11 sind *aktive latente Steuern auf steuerliche Verlustvorträge* anzusetzen, wenn der Steuervorteil aus dem Verlustvortrag „mit hinreichender Wahrscheinlichkeit“ realisiert werden kann. Für Steuergutschriften gilt dies entsprechend (DRS 10.14). Dazu muss wahrscheinlich sein, dass in Folgeperioden zu versteuernde Gewinne in ausreichender Höhe ggü. demselben Steuergläubiger/-schuldner erwirtschaftet werden oder durch Sachverhaltsgestaltung entstehen (DRS 10.12 lit. b). Der Fall ist nicht durch § 306 HGB gedeckt und wird auf Grund des handelsrechtlichen Vorsichtsprinzips als grundsätzlich nicht zulässig betrachtet.[93]

Die Steuerabgrenzung ist grundsätzlich mit dem Steuersatz zu bewerten, der im Zeitpunkt der Auflösung der zeitlichen Differenzen voraussichtlich gilt (DRS 10.20). Sind die zeitlichen Differenzen bei der Vereinheitlichung zur HB II oder bei der Kapitalkonsolidierung entstanden, ist der *unternehmensindividuelle Steuersatz*

---

[88] Vgl. THEILE/BORNSCHEIN 2005, S. 8241; SCHMIDBAUER 2001, S. 1570.
[89] Vgl. WOTSCHOFSKY/HELLER 2002, S. 821.
[90] Vgl. GRÄBSCH 2002, S. 744ff. m.w.N.
[91] Vgl. HOYOS/FISCHER, in: BECK BILKOMM. 2006, § 306 Rn. 4; KIRSCH 2007b, S. 237; MARTEN/WEISER/KÖHLER 2003, S. 2336f. bzgl. aktiver latenter Steuern auf Verlustvorträge.
[92] Vgl. THEILE/BORNSCHEIN 2005, S. 8242.
[93] Vgl. ADS 2000, § 274 Rn. 28; HOYOS/FISCHER, in: BECK BILKOMM. 2006, § 274 Rn. 18.

anzuwenden (DRS 10.21). Der gleiche Bewertungsgrundsatz gilt bei der Zwischenergebniseliminierung und der Schuldenkonsolidierung (DRS 10.23, 24). Die Bewertung mit einem einheitlichen Konzernsteuersatz, wie nach § 306 HGB mit dem Steuersatz des Mutterunternehmens, ist unzulässig (DRS 10.22).[94]

DRS 10.30 ermöglicht die *erfolgsneutrale Bildung oder Auflösung* von latenten Steuern, wenn der zu Grunde liegende Sachverhalt unmittelbar mit dem Eigenkapital verrechnet wurde (vgl. DRS 10.31 i.V.m. DRS 10.16). In §§ 274, 306 HGB werden im Gegensatz hierzu ausschließlich erfolgsneutrale Vorgänge in der Steuerabgrenzung als zulässig betrachtet. Im Rahmen einer Erstkonsolidierung sind für den Unterschiedsbetrag aus der Kapitalkonsolidierung (außer für einen Geschäfts- oder Firmenwert oder einen negativen Betrag) erfolgsneutral Steuerabgrenzungen zu bilden, die in den Folgeperioden erfolgswirksam aufgelöst werden (DRS 10.16).

Latente Steuern sind in der Konzernbilanz grundsätzlich *unsaldiert* auszuweisen. Eine Saldierung ist nur unter engen Voraussetzungen möglich (DRS 10.36). Die Vorschrift wirkt auf die Differenzen aus den konsolidierten Einzelabschlüssen zurück und löst eine erhebliche Nachweispflicht beim Bilanzierenden aus (vgl. DRS 10.41 zu den Anhangsangaben je Bilanzposten). Zusammen mit dem nach DRS 10.20 anzuwenden Steuersatz ist hier – statt der Abgrenzungsmethode des § 274 HGB - klar die *Verbindlichkeitsmethode* erkennbar.

Die Vorschrift des DRS 10.39 verlangt erheblich umfangreichere *Anhangsangaben* als dies im HGB gefordert wird. Hinzu kommt eine *Überleitungsrechnung* vom erwarteten zum ausgewiesenen Steueraufwand (DRS 10.42)[95] und die Notwendigkeit der *Überprüfung der Werthaltigkeit der aktiven latenten Steuern* an jedem Konzernabschlussstichtag mit notwendiger erfolgswirksamer Anpassung (DRS 10.28).

3.4 Weitere Internationalität im HGB-Abschluss durch das BilMoG

Nachdem das BMJ am 16.10.2007 vorab in einer Presseinformation[96] bereits über die Eckpunkte informiert hatte, wurde am 08.11.2007 der bereits seit längerem angekündigte Referentenentwurf eines Gesetzes zur Modernisierung des Bilanzrechts

[94] Lt. EBERHARTINGER, in: BAETGE/KIRSCH/ THIELE BILANZRECHT, § 306 Rn. 70, herrscht in der Praxis ein Mischsatz (gewichteter Durchschnitt der in den KA einbezogenen Unternehmen) vor.
[95] Die Vorschrift geht wegen der Befreiung in DRS 10.43 für den noch relevanten Anwenderkreis allerdings zwischenzeitlich ins Leere.
[96] Vgl. BMJ 2007.

(BilMoG) der Öffentlichkeit zugänglich gemacht. Die darin vorgesehenen Gesetzesänderungen sollen ab 2009 anzuwenden sein, teilweise könnte dies bereits in 2008 erfolgen.[97] Voraussetzung ist, dass der Gesetzgebungsprozess bis Ende 2008 durchlaufen wird und der Entwurf im Wesentlichen zur Umsetzung kommt. Mit dem BilMoG kommt deutliche Bewegung in den Prozess einer Anpassung des HGB an die internationalen Rechnungslegungsvorschriften. Das bewährte und kostengünstige HGB-Bilanzrecht soll so für den Wettbewerb mit den internationalen Rechnungslegungsstandards gestärkt werden.[98] Durch die BilMoG-Änderungen soll das HGB (vgl. Art. 1 BilMoG, nachfolgend: HGB-E) zu einem den internationalen Rechnungslegungsstandards gleichwertigen, aber wesentlich kostengünstigeren und in der Praxis einfacher zu handhabenden Regelwerk ausgebaut werden.[99] Adressat sind hierbei vorrangig die nicht-kapitalmarktorientierten Unternehmen für die lt. BMJ auch der vom IASB veröffentlichte Entwurf eines IFRS-Standards für kleine und mittelgroße Unternehmen (ED-IFRS SME) keine gangbare Alternative für die Aufstellung eines informativen Jahresabschlusses ist.[100] Damit hat das BMJ die scharfe Kritik der Praxis aufgegriffen, noch bevor der Diskussionsprozess beim IASB auf ein erstes Zwischenergebnis zugesteuert ist.[101] Wesentliche geplante HGB-Änderungen bzgl. der Anpassung an die IFRS-Regeln betreffen:

- die Aktivierungspflicht für selbstgeschaffene immaterielle Wirtschaftsgüter (bisher: Ansatzverbot gem. § 248 Abs. 2 HGB, Aufhebung durch Art. 1 Nr. 6 lit. a BilMoG) verbunden mit einer Ausschüttungssperre (§ 268 Abs. 8 HGB-E),
- die Aufhebung der Möglichkeit zur Bildung von Aufwandsrückstellungen (Streichung § 249 Abs. 2 HGB und Anpassung in Abs. 3 S. 1 HGB-E durch Art. 1 Nr. 7 lit. b u. c BilMoG) sowie von Rückstellungen für unterlassene Aufwendungen für Instandhaltung gem. § 249 Abs. 1 S. 3 HGB (Streichung durch Art. 1 Nr. 7 lit. a BilMoG),
- die Bewertung aller Rückstellungen einschließlich Pensionsrückstellungen durch Berücksichtigung künftiger Entwicklungen (Bewertung mit dem sog. Erfüllungsbetrag) und deren generelle marktgerechte Abzinsung (§ 253 Abs. 2 HGB-E unter der neuen Überschrift der „Zugangs- und Folgebewertung"; bisher in §§ 249, 252 u. 253 HGB nicht vorgesehen),

---

[97] Vgl. BMJ 2007, Tz. 3 Zeitplan.
[98] Vgl. Zypries 2007.
[99] Vgl. BMJ 2007, Tz. 2 Verbesserung der Aussagekraft der HGB-Abschlüsse, 2. Absatz.
[100] Vgl. BMJ 2007, Tz. 2 Verbesserung der Aussagekraft der HGB-Abschlüsse, 1. Absatz.
[101] Vgl. IDW 2007b; Stellungnahmen waren ursprünglich bis zum 01.10.2007 erbeten worden, vgl. ED-IFRS SME, Deckblatt, zwischenzeitlich vom IASB bis 30.11.2007 verlängert.

- die stets ertragswirksame Bewertung von zu Handelszwecken erworbenen Finanzinstrumenten mit ihrem beizulegenden Zeitwert (§ 253 Abs. 1 S. 3 i.V.m. § 255 Abs. 4 HGB-E; bisher: Anschaffungskosten als strikte Obergrenze gem. § 253 HGB)[102] und die Möglichkeit, Bewertungseinheiten zu bilden (§ 254 HGB-E; insbesondere beim Hedging mit Sicherungsinstrumenten) und

- die stärkere Einbeziehung von Zweckgesellschaften in einen Konzernabschluss durch das Konzept der einheitlichen Leitung in § 290 Abs. 1 S. 1 HGB-E (Neufassung beseitigt bisheriges Beteiligungserfordernis).[103]

Die HGB-Bilanz soll weiterhin Grundlage der steuerlichen Gewinnermittlung und der Ausschüttungsbemessung bleiben, mittelständischen Unternehmen soll dadurch die sog. Einheitsbilanz ermöglicht werden.[104] Hierfür sprechen bspw. die Anpassung des handelsrechtlichen an den steuerrechtlichen Herstellungskostenbegriff in § 255 Abs. 2 HGB-E, die o.g. Einschränkungen zur Rückstellungsbildung und die identische steuerrechtliche Bewertung von zu Handelszwecken gehaltenen Finanzinstrumenten mit dem beizulegenden Marktwert (aus der Maßgeblichkeit folgt eine Versteuerung noch nicht realisierter Kursgewinne). Andererseits wird die umgekehrte Maßgeblichkeit völlig aufgehoben (Neufassung des § 5 Abs. 1 S. 2 EStG durch Art. 9 BilMoG), die Abzinsungsmethodik für Rückstellungen ist unterschiedlich (Marktzins vs. Festzins in § 6 Abs. 1 Nr. 3a lit. e u. § 6a Abs. 3 S. 3 EStG) und das Ansatzverbot für nicht entgeltlich erworbene immaterielle Wirtschaftsgüter in § 5 Abs. 2 EStG bleibt bestehen.

Gemessen am derzeit gültigen Ertragsteuerrecht kommt es damit vermehrt zu Abweichungen zwischen Handels- und Steuerbilanzergebnis und in der Folge häufiger zu latenten Steuerposten. Die Vorschrift zur Steuerabgrenzung selbst (§ 274 HGB) erfährt durch deren Neufassung eine grundlegende konzeptionelle Änderung. So soll mit dem BilMoG im HGB der Wechsel vom GuV-orientierten Timing-Konzept zur bilanzorientierten Abbildung nach dem Temporary-Konzept vollzogen

---

[102] Dies ist die wohl größte Überraschung für alle Verfechter des HGB-eigenen Realisationsprinzips und geht sogar noch über die Regelungen der nicht ertragswirksamen Erfassung in der Neubewertungsrücklage des Eigenkapitals nach IAS 39 für *available-for-sale*-Wertpapiere hinaus. Lt. BMJ handelt es sich hierbei um „jederzeit realisierbare Gewinne und Verluste"(vgl. BMJ 2007, Tz. 2), Die Bilanzierung mit dem beizulegenden Marktwert sei bereits üblich und dieses Vorgehen wird teilweise schon als GoB bezeichnet (vgl. Gesetzesbegründung zu § 253 Abs. 1 Satz 3 in BilMoG, S. 105. Folglich ist eine korrespondierende Ausschüttungssperre nicht vorgesehen.

[103] Vgl. BilMoG-Gesetzesbegründung zu Nr. 35 (§ 290 HGB), S. 159f.

[104] Vgl. BMJ 2007, Tz. 2, 2. Absatz.

werden.[105] Nach § 274 Abs. 1 HGB-E sind für alle temporären Differenzen zwischen Handels- und Steuerbilanz Steuerabgrenzungen vorzunehmen, auf der Passivseite weiterhin als Rückstellung und auf der Aktivseite als neugeschaffene Bilanzposition „aktive latente Steuern" (§ 266 Abs. 2 D. HGB-E). Das Aktivierungsgebot gilt auch für ungenutzte (steuerliche) Verlustvorträge oder Steuergutschriften, jeweils unter der Voraussetzung einer voraussichtlichen späteren Ausgleichsmöglichkeit. Für die Bewertung ist der künftige unternehmensindividuelle Steuersatz zu verwenden. Entsprechende Erläuterungen des Postens sind im Anhang vorzunehmen (§ 274 Abs. 2 HGB-E). Da das HGB auch weiterhin keine erfolgsneutralen Erfassungen von Wertänderungen im Einzelabschluss kennt, kommt es auch nicht zur erfolgsneutralen Steuerabgrenzung. Die latenten Steuern sind grundsätzlich saldiert auszuweisen.[106] Durch Art. 1 Nr. 44 BilMoG wird auch § 306 HGB als Vorschrift zur Steuerabgrenzung im Konzernabschluss neugefasst. Dies beinhaltet einerseits die Anpassung an den nach dem Temporary-Konzept geänderten § 274 HGB-E und andererseits die Erweiterung auf erfolgsneutral bei der Erstkonsolidierung entstandene Differenzen, die sich später wieder ausgleichen. Für einen Geschäfts- oder Firmenwert bzw. einen passiven Unterschiedsbetrag sind keine latenten Steuern zu bilden.[107] Für die Bewertung ist der unternehmensindividuelle Steuersatz der in den Konzernabschluss einbezogenen Tochterunternehmen oder alternativ auch ein konzerneinheitlicher durchschnittlicher Steuersatz zu verwenden.[108]

Letztlich würde mit dem BilMoG eine Vermischung von völlig unterschiedlich geprägten Rechnungslegungswerken und deren Grundsätzen erfolgen. Diese streitbare Aushöhlung des HGB dürfte reichlich Erklärungsangaben im Anhang oder bei den Einzelposten erfordern, um dem Bilanzleser aufzuzeigen, wo und wie traditionell handelsrechtlich oder eben entscheidungsnützlich für Investoren vorgegangen wurde. Dass Einschätzungen des Bilanzierenden nun eine größere Bedeutung spielen würden und Neuland sind, räumt die Bundesjustizministerin ein, sieht darin jedoch international übliches Vorgehen.[109]

---

[105] Vgl. BilMoG-Gesetzesbegründung zu Nr. 25 (§ 274 HGB), S. 138. Danach sind auch quasi-permanente Differenzen in die Steuerabgrenzung einzubeziehen.
[106] Vgl. BilMoG-Gesetzesbegründung zu Nr. 25 (§ 274 HGB), S. 139.
[107] Das BMF begründet dies mit der wirtschaftlich sinnvollen Vermeidung von Iterationsschleifen bei der Berechnung und damit einer Aufblähung der Steuerabgrenzung, vgl. BilMoG-Gesetzesbegründung zu Nr. 44 (§ 306 HGB), S. 169.
[108] Vgl. BilMoG-Gesetzesbegründung zu Nr. 44 (§ 306 HGB), S. 139f.
[109] Vgl. ZYPRIES 2007.

Für die Abbildung der latenten Steuern würde ein großer Schritt zur Anpassung an die in der internationalen Rechnungslegung etablierten Grundsätze (IAS 12 bzw. SFAS 109) erfolgen. Der DRS 10 würde bei Gesetzesinkrafttreten einer Überprüfung bedürfen. Wünschenswert wäre, dass dort weiterführende Vorstellungen zur Umsetzung der knappen Formulierungen von §§ 274 u. 306 HGB-E erfolgen.

4 Ertragsteuern in der Rechnungslegung nach IFRS

4.1 Zwecke und Grundsätze der Rechnungslegung nach IFRS

Die Zwecke und Grundsätze der Rechnungslegung nach den IFRS werden vom IASB im Rahmenkonzept (*Framework for the Preparation and Presentation of Financial Statements* – nachfolgend: IFRS-F) geregelt. Nach IFRS-F 12 ist es die Zielsetzung von Abschlüssen, Informationen über die Vermögens-, Finanz- und Ertragslage eines Unternehmens zu geben, die für einen weiten Adressatenkreis bei dessen Entscheidungen nützlich sind (*decision usefulness*). So soll u.a. die Fähigkeit eines Unternehmens beurteilt werden können, Zahlungsmittel und Zahlungsmitteläquivalente erwirtschaften zu können, einschließlich des Zeitpunktes und der Wahrscheinlichkeit ihres Entstehens (IFRS-F 15). Hierbei wird verstärkt auf die Informationsbedürfnisse von Investoren abgestellt (IFRS-F 10). Das IASB verfolgt mit diesen Standards das Ziel, einheitliche, qualitativ hochwertige, verständliche und durchsetzbare globale Rechnungslegungsnormen zu entwickeln und deren konsequente Anwendung und Umsetzung weltweit zu fördern.[110]

Die IFRS arbeiten mit bestimmten Grundannahmen (*fundamental accounting assumptions*) und stellen eine Reihe von qualitativen Anforderungen (*qualitative characteristics*) an den Abschluss. Dazu gehören nach IAS 1 der Grundsatz der getreuen Darstellung (*fair presentation*), der Grundsatz der Unternehmensfortführung (*going concern*), der Grundsatz der periodengerechten Erfolgsermittlung (*accrual*), der Grundsatz der Stetigkeit (*consistency*), eine Reihe von Bilanzierungs- und Bewertungsmethoden (Grundsätze der Relevanz und Verlässlichkeit – *relevance/ reliability*), der Grundsatz der Wesentlichkeit (*materiality*) sowie die Bestimmungen zur Saldierung (*offsetting*) und den Ausweis von Vergleichsinformationen (*comparative information*). Die Verlässlichkeit beinhaltet hierbei die Grundsätze der wirtschaftlichen Betrachtungsweise (*substance over form*), der Willkürfreiheit (*neutrality*), der Vollständigkeit (*completness*), der Glaubwürdigkeit (*faithful presentation*) sowie das Vorsichtsprinzip (*prudence*). Als einschränkende Merkmale werden die Zeitnähe (*timeless*), das Kosten-Nutzen-Verhältnis (*cost-benefit-balances*) und die Balance zwischen den einzelnen Merkmalen (*balance between qualitative characteristics*) angeführt.[111]

---

[110] Vgl. ADS INTERNATIONAL, Abschn. I.A.1.

[111] Vgl. ADS INTERNATIONAL, Abschn. I.B.45ff.

Das IFRS-Framework kennt auch das Ziel, ein den tatsächlichen Verhältnissen entsprechendes Bild der Vermögens-, Finanz- und Ertragslage im Abschluss wiederzugeben (*true and fair view* resp. *fair presentation*), räumt diesem Konzept jedoch kein sog. *overriding principle* ein. Dies geschieht jedoch in IAS 1.13, so dass sich ggf. ein spezieller IFRS-Standard dem zu beugen hat.[112] Aus den o.g. allgemeinen Grundsätzen ergeben sich für die Abbildung von Ertragsteuern grundlegende Annahmen, auf die ggf. zurückzugreifen sein wird, soweit nicht in den IFRS 12 bzw. IAS 34.30(c) Spezielleres geregelt ist. Um das Ziel der IFRS, entscheidungsnützliche Informationen (vorrangig) für Kapitalmarktteilnehmer bereitzustellen, im Gesamtabschluss[113] zu erreichen, nehmen die Ertragsteuern m.E. eine gewichtige Rolle ein.

4.2 Darstellung tatsächlicher Ertragsteuern nach IAS 12

Zur Ermittlung der effektiven Ertragsteuerbelastung deutscher Unternehmen wurde bereits oben Stellung genommen. [114] Diese knüpft nach § 5 Abs. 1 EStG an die GoB und damit weitestgehend an die Handelsbilanz nach HGB an, um die Steuerzahlung an Hand eines zuverlässig ermittelten Gewinns zu bemessen.[115] Das steuerrechtliche Legalitätsprinzip beinhaltet den Grundsatz der Tatbestandsmäßigkeit der Besteuerung, der dem Stpfl. Rechtssicherheit und damit die Zuverlässigkeit über die Steuerbemessungsgrundlage verschaffen soll.[116] Das Steuerrecht verfolgt das Prinzip der Periodenabschnittsbesteuerung, ist (fast ausschließlich) vergangenheitsorientiert und steht damit nicht im Einklang mit dem IFRS-Regelwerk. In der Steuerbilanz dominiert der Fiskalzweck klar die Informationsfunktion des Abschlusses. Das Vorsichtsprinzip des § 252 Abs. 1 Nr. 4 HGB in Kombination mit dem Imparitätsprinzip (sog. imparitätisches Fair Value-Konzept[117]) nehmen in der deutschen Handelsbilanz - und wegen der Maßgeblichkeit auch in der Steuerbilanz - eine hervorgehobene Stellung ein. Dem ist in der IFRS-Bilanzierung nicht so, da dort

---

[112] Vgl. ACHLEITNER/BEHR 2000, S. 99 sowie ausführlich zum Normensystem und Normenhierarchie der IAS-Rechnungslegung WOLLMERT/ACHLEITNER, in: BAETGE IFRS-KOMM., Kap. II, Rn. 7-12.

[113] Dieser besteht gem. IAS 1.8 aus einer Bilanz (*balance sheet*), einer GuV (*income statement*), einer Eigenkapitalveränderungsrechnung (*statement of changes in equity*), einer Kapitalflussrechnung (*chash flow statement*) und einem Anhang (*notes*). Ab 01.01.2009 soll ein vollständiger IFRS-Abschluss gem. IAS 1.10 (rev. 2007) aus einer Bilanz (*statement of financial position*), einer Gesamterfolgsrechung (*statement of comprehensive income* als *single* oder *two-statement approach*), eine Eigenkapitalveränderungsrechnung (*statement of changes in equity*), einer Kapitalflussrechnung (*statement of chash flows*) und einem Anhang (*notes*) bestehen.

[114] Vgl. Abschn. 3.1.

[115] Vgl. LIENAU 2006, S. 25.

[116] Vgl. LANG, in: TIPKE/LANG 2005, § 4 Rn. 150f.

[117] Vgl. LIENAU 2006, S. 27 Fn. 61.

ein relativ umfassendes Fair Value-Prinzip[118] vorherrschend ist. Der Standard zu den Ertragsteuern (IAS 12)[119] behandelt im Wesentlichen die latenten Steuern, da hinsichtlich der tatsächlichen Steuern spezielle Bilanzierungsprobleme auch aus Sicht der internationalen Besteuerung nur in geringem Umfang auftauchen. Die Abbildung ist weitestgehend mit dem HGB identisch und beruht auf dem o.g. Grundsatz der Periodenabgrenzung.[120] Nach IAS 12.5 beinhaltet der Begriff der tatsächlichen Ertragsteuern (*current taxes*) den Betrag der geschuldeten (erstattungsfähigen) Ertragsteuern, die aus dem zu versteuernden Einkommen (*taxable profit*) bzw. steuerlichen Verlust (*tax loss*) der Periode resultieren

Der Ansatz tatsächlicher Steuern korrespondiert mit dem die Steuer auslösenden Geschäftsvorfall bzw. Ereignis (Grundsatz des *matching principles* in IAS 12.57). In der GuV sind die tatsächlichen Steuern als Aufwand oder Ertrag zu erfassen und in das Ergebnis (*net profit or loss*) einzubeziehen. Es sei denn, sie rühren (anteilig) aus einem Geschäftsvorfall oder Ereignis der laufenden oder einer anderen Periode her, der/das unmittelbar im Eigenkapital angesetzt wird oder aus einem Unternehmenszusammenschluss i.S.d. IFRS 3 stammt (IAS 12.58). Im ersten Ausnahmefall ist die tatsächliche Ertragsteuer parallel zu dem zu Grunde liegenden Posten unmittelbar dem Eigenkapital zu belasten bzw. gutzuschreiben (IAS 12.61-65A). Der zweite Ausnahmefall ist in IAS 12.66-68C geregelt, betrifft jedoch nur latente Steuern. Der Bilanzansatz von tatsächlichen Steuerschulden und Steuererstattungsansprüchen ist wie folgt geregelt:

- Die tatsächlichen Ertragsteuern für die laufende und frühere Perioden sind in dem Umfang, in dem sie noch nicht bezahlt sind, als Schuld (*liability*)[121] anzusetzen. Falls der auf die laufende und frühere Perioden entfallende und bereits bezahlte Betrag den für diese Perioden geschuldeten Betrag übersteigt, so ist der Unterschiedsbetrag als Vermögenswert (*asset*) anzusetzen. (IAS 12.12)

---

[118] Der *Fair value* (beizulegender Zeitwert) ist ein häufig verwendeter, aber unbestimmter Rechtsbegriff, der zu umfangreichen Auslegungsdiskussionen Anlass gibt; vgl. bspw. LÜDENBACH, in: HAUFE IFRS-KOMM. 2007, § 31 Rn. 59ff.

[119] Wie auch in den anderen IAS/IFRS-Standards wird nicht explizit zwischen Einzel- und Konzernabschlüssen unterschieden. Die Vorschriften sind daher spätestens in der HB II zu beachten.

[120] Vgl. HOFFMANN in: HAUFE IFRS-KOMM. 2007, § 36 Rn. 35.

[121] Auch bei nur ungenauer Berechnung der Steuerschuld wird diese nicht als Rückstellung/*provision* ausgewiesen, was dem ggü. dem HGB deutlich breiteren IFRS-Begriff der Schuld/*liability* entspricht. Zur Angabe steuerlicher Eventualschulden/-forderungen im Anhang gem. IAS 12.88 vgl. DAHLKE 2006, S. 584ff.

- Der in der Erstattung tatsächlicher Ertragsteuern einer früheren Periode bestehende Vorteil eines steuerlichen Verlustrücktrages[122] ist als Vermögenswert anzusetzen. (IAS 12.13)
- Wenn ein steuerlicher Verlust zu einem Verlustrücktrag und zur Erstattung tatsächlicher Ertragsteuern einer früheren Periode genutzt wird, so bilanziert ein Unternehmen den Erstattungsanspruch als einen Vermögenswert in der Periode, in der der steuerliche Verlust entsteht, da es wahrscheinlich ist, dass der Nutzen aus dem Erstattungsanspruch dem Unternehmen zufließen wird und verlässlich ermittelt werden kann. (IAS 12.14)

Die Bewertung der tatsächlichen Steuern ist wie folgt durchzuführen: Tatsächliche Ertragsteuerschulden (Ertragsteueransprüche) für die laufende Periode und für frühere Perioden sind mit dem Betrag zu bewerten, in dessen Höhe eine Zahlung an die Steuerbehörden (eine Erstattung von den Steuerbehörden) erwartet wird. Die Berechnung erfolgt basierend auf Steuersätzen (und Steuervorschriften), die am Bilanzstichtag gelten oder in Kürze gelten werden (IAS 12.46 u. 48).[123]

Es ist grundsätzlich ein Brutto-Ausweis vorgesehen, jedoch legt IAS 12.71 hinsichtlich der Saldierung ein Ausnahmegebot fest. Demnach hat ein Unternehmen tatsächliche Steuererstattungsansprüche und tatsächliche Steuerschulden zu saldieren, wenn es ein einklagbares Recht[124] hat, die bilanzierten Beträge gegeneinander aufzurechnen und auch beabsichtigt, entweder den Ausgleich auf Nettobasis herbeizuführen oder gleichzeitig mit der Realisierung des betreffenden Vermögenswertes die dazugehörige Schuld abzulösen. Ist diese konkrete Situation nicht gegeben, besteht weder Pflicht noch Recht, zu saldieren. Dem Steuerrecht folgend sind die tatsächlichen Steuererstattungsansprüche und tatsächliche Steuerschulden nicht abzuzinsen. Sie sind getrennt von den latenten Steuerpositionen als kurzfristiges Vermögen/Schuld auszuweisen (IAS 1.68(m)).

In der GuV ist der der gewöhnlichen Geschäftstätigkeit des Unternehmens zuzurechnende Steueraufwand (Steuerertrag) gesondert darzustellen (IAS 12.77). Für den Anhang enthalten IAS 12.77-88 zahlreiche Angabepflichten, die auch die

[122] Vgl. § 10d Abs. 1 EStG i.V.m. § 8 KStG.
[123] Vgl. zur Änderung des Steuersatzes am Bsp. des UStRefG 2008 und dessen Auswirkungen auf die Bewertung der latenten Steuern die Ausführungen in Abschn. 4.2. da dies für die tatsächlichen Steuern von eher geringer Bedeutung ist.
[124] Für eine Aufrechnung gem. § 387 BGB muss die eigene Forderung fällig und die eigene Verbindlichkeit bereits entstanden sein.

tatsächlichen Steuern betreffen. So sind u.a. die laufenden Steuern einer Periode (gezahlt bzw. bilanziell abgegrenzt) getrennt von periodenfremden tatsächlichen Ertragsteuern zu zeigen (IAS 12.80(b)).

4.3 Darstellung latenter Ertragsteuern nach IAS 12

4.3.1 Konzeptionelle Grundsätze

Mit der im Oktober 1996 vom IASB verabschiedeten überarbeiteten Fassung des IAS 12[125] kommt grundsätzlich nur noch die rein bilanzorientierte Liability-Methode zur Anwendung. Die Abgrenzung latenter Steuern erfolgt ausschließlich nach dem Temporary-Konzept.[126] Es besteht grundsätzlich eine Bilanzierungspflicht für latente Steuern auf Grund von temporären Unterschieden zwischen dem Buchwert nach IFRS (*carrying amount of an asset or liability in the balance sheet*) und dem Steuerwert (*taxe base*). Gemäß IAS 12.15 ist für die zu versteuernden temporären Differenzen grundsätzlich eine latente Steuerschuld (*deferred tax liability*) und nach IAS 12.24 für alle abzugsfähigen temporären Differenzen, die wahrscheinlich zukünftig realisierbar sind, ein latenter Steueranspruch (*deferred tax asset*) zu bilanzieren. Im Gegensatz zum HGB wird der Bilanzierende im IFRS-Abschluss durch die grundsätzliche Bilanzierungspflicht für aktivische und passivische Steuerlatenzen zu einer paritätische Steuerabgrenzung gelangen.[127]

Die Ratio des Konzeptes latenter Steuern nach IFRS kann nach HEUSER/THEILE wie folgt beschrieben werden: „Vermögenswerte reflektieren nicht nur künftige Nutzenzuflüsse, sondern auch eine steuerliche Abschreibungsgrundlage, die durch Abschreibung oder Verkauf realisiert wird. Sind IFRS- und Steuerbilanzbuchwerte identisch, besteht insoweit kein Raum für den Ansatz latenter Steuern. Anders verhält es sich, wenn Abweichungen, sog. temporäre Differenzen, zwischen Vermögen und Schulden in den beiden Rechenwerken bestehen“.[128]

---

[125] Im April 1978 wurde der Exposure Draft E 13 *Accounting for Taxes on Income* veröffentlicht, der im Juli 1979 als IAS 12 verabschiedet wurde. Im Januar 1989 folgte der Exposure Draft E 33, der in den überarbeiteten IAS 12 (1979) mündete. Mit der ersetzenden Fassung vom Oktober 1996 (Anwendung ab 01.01.1998) lautete der Titel des IAS 12 *Income Taxes*. Es folgte dessen Überarbeitung im Oktober 2000 (Anwendung ab 01.01.2001) und zuletzt Anpassungen an andere Standards im März 2004. Des Weiteren sind die SIC 21 *Income Taxes – Recovery of Revalued Non-Depreciable Assets* und SIC 25 *Income Taxes – Changes in the Tax Status of an Entity or its Shareholders* neben dem IAS 12 als verbindliche Interpretationen zu beachten.

[126] Vgl. COENENBERG/HILLE 1997, S. 538.

[127] Vgl. LIENAU 2006, S. 41.

[128] IFRS-HB 2007, S. 481.

Für die praktische Anwendung dieser Konzeption stellen HEUSER/THEILE folgende Faustformel auf:

- Mindervermögen (Mindereigenkapital) in der IFRS-Bilanz gegenüber der Steuerbilanz, das noch nicht zur steuerlichen Entlastung (Ersparnis) in der Vergangenheit führte, bewirkt eine aktive Steuerabgrenzung und

- Mehrvermögen (Mehreigenkapital) in der IFRS-Bilanz gegenüber der Steuerbilanz, das noch nicht der Besteuerung unterlag, führt zur passiven Abgrenzung.[129]

Bei der IFRS-Bilanzierung eines deutschen Unternehmens wird die Anzahl der Unterschiede zwischen IFRS-Abschluss und Steuerbilanz gegenüber jenen zwischen HGB-Abschluss und IFRS-Abschluss deutlich ansteigen. Der Grund liegt einerseits in der Berücksichtigung von temporary differences gegenüber timing differences und andererseits vor allem in den zahlreicheren Unterschiede zwischen dem Steuerbilanzrecht und den IFRS.[130]

Latente Steuern sind - ebenso wie die tatsächlichen Steuern[131] - konsistent zu den Transaktionen bzw. Ereignissen zu erfassen, aus denen sie resultieren (IAS 12.57). „Im Grundsatz bedeutet dies, dass erfolgswirksame Transaktionen bzw. Ereignisse zur erfolgswirksamen Erfassung und erfolgsneutrale Transaktionen bzw. Ereignisse zur erfolgsneutralen Erfassung latenter Steuern führen."[132] Die erfolgswirksame Verrechnung latenter Steuern ist der Grundfall und rührt – dem Temporary-Konzept folgend – aus der Zeitverzögerung von Aufwand/Ertrag zwischen IFRS- und Steuerbilanz. Dabei werden automatisch umkehrbare ergebniswirksame Transaktionen gem. IAS 12.58 unterstellt. Ist für einen Geschäftsvorfall eine latente Steuer bei der Entstehung ergebniswirksam zu verrechnen, so gilt dies auch für alle nachfolgend vorzunehmenden Korrekturen an der betreffenden Steuerposition (IAS 12.60). Beispiele hierfür sind Änderungen des Steuersatzes, Änderungen der Steuergesetzgebung, Änderungen in der Einschätzung der Wahrscheinlichkeit künftiger steuerpflichtiger Gewinne als Voraussetzungen für die Bildung aktivischer latenter Steuern oder Änderungen der Besteuerungsgrundlagen durch Sitzverlegung oder Rechtsformwechsel.[133]

---

[129] Vgl. IFRS-HB 2007, S. 483.
[130] Vgl. EBERHARTINGER, in: BAETGE/KIRSCH/THIELE BILANZRECHT, § 274 Rn. 514.
[131] Vgl. Abschn. 4.2.
[132] COENENBERG/HILLE, in: BAETGE IFRS-KOMM., IAS 12 Rn. 88.
[133] Vgl. COENENBERG/HILLE, in: BAETGE IFRS-KOMM., IAS 12 Rn. 90; vgl. zum letzteren Bsp. die Empfehlungen in SIC 25.

Umgekehrt führen Differenzen aus erfolgsneutral zu behandelnden Transaktionen oder Ereignissen nach dem Grundsatz des IAS 12.57 auch zur erfolgsneutralen Behandlung der hierfür zu verrechnenden Steuerabgrenzung. In IAS 12.58 werden zwei Falltypen benannt, die zur Durchbrechung der o.g. Grundregel einer erfolgswirksamen Erfassung führen:

- latente Steuern aus Transaktionen, die direkt mit dem Eigenkapital verrechnet werden (IAS 12.61-65) und
- latente Steuern, die aus Unternehmensakquisitionen resultieren (IAS 12.66 68 i.V.m. IFRS 3).[134]

Typische Beispiele für die erste Ausnahmefallgruppe der neutralen Steuerabgrenzung sind[135]:

- Neubewertungen des Sachanlagevermögens gem. IAS 16.29 oder von zur Veräußerung verfügbaren finanziellen Vermögenswerten gem. IAS 39,
- Änderungen im Vortrag der Gewinnrücklagen infolge von schwerwiegenden Bilanzierungsfehlern oder der Änderung der Bilanzierungs- und Bewertungsmethoden gem. IAS 8,
- Wechselkursveränderungen bei Anwendung der Stichtagskursmethode gem. IAS 21.30,
- Einstellung eines Agios bei der Ausgabe von Wandelschuldverschreibungen in die Kapitalrücklage gem. IAS 32.23.

Als weitere Fälle kommen die Anwendung von Indexierungsverfahren im Rahmen der Hochinflationsbilanzierung gem. IAS 29.8 und die erfolgsneutrale Verrechnung von Übergangskonsolidierungen in Betracht.[136] In IAS 12.63 wird für die Ausnahmefälle, in denen es äußerst schwierig ist, den erfolgswirksamen und den erfolgsneutralen Betrag der latenten Steuern zu ermitteln, auf den Schätzungsweg verwiesen. Bilanzielle Steuerlatenzen sind unter den in IAS 12.74 genannten Voraussetzungen[137] zu saldieren. Hierbei ist „das einklagbare Recht auf Anrechnung“ (IAS 12.74(a)) als Fiktion zu verstehen, da die Vorschrift sonst ins

---

[134] Vgl. EITZEN/DAHLKE/KROMER 2005, S. 509ff.
[135] Vgl. HEURUNG/KURTZ 2000, S. 1777; HARTMANN 2006, S. 11f.
[136] Vgl. COENENBERG/HILLE, in: BAETGE IFRS-KOMM., IAS 12 Rn. 92; ADS 2000 § 301 Rn. 285 u. § 312 Rn. 214.
[137] Analog dem Vorgehen bei den tatsächlichen Steuern, vgl. Abschn. 4.2.

Leere führen würde.[138] Gem. IAS 12.75 ist eine zeitliche Kongruenz der latenten Steueransprüche und –schulden i.d.R. nicht erforderlich.[139] Der Ausweis der latenten Steueransprüche und –schulden erfolgt gem. IAS 1.68(n) getrennt von den übrigen Vermögenswerten und Schulden als langfristige Bilanzposition(en). Dies gilt auch für die Umkehreffekte der Folgeperioden.[140]

4.3.2 Passivische latente Steuern

Passivische latente Steuern sind mit Ausnahme der in IAS 12.15 genannten Fälle immer anzusetzen. Dies gilt auch für die sog. quasi-permanenten Differenzen.[141] Typische Ansatzbeispiele eines deutschen Unternehmens sind[142]:

- Rückstellungen für ungewisse Verbindlichkeiten, welche im IFRS-Abschluss mit einem höheren Satz diskontiert werden als der ertragsteuerliche Abzinsungssatz von 5,5 v.H. (§ 6 Abs. 1 Nr. 3a lit. e EStG),

- Aufwandsrückstellungen für unterlassene Instandhaltungen, welche innerhalb von drei Monaten nach dem Abschlussstichtag nachgeholt werden; diese sind steuerlich zwingend zu passivieren, im IFRS-Abschluss ist die Passivierung einer Innenverpflichtung unzulässig (IAS 37.14 u. 20),

- Aktivierung von Vermögenswerten (z.B. selbsterstellte immaterielle Vermögenswerte; Entwicklungskosten; bestimmte Ingangsetzungs-, Erweiterungskosten) gem. IFRS, für die steuerlich mangels Wirtschaftsguteigenschaft oder auf Grund ausdrücklicher Anordnung ein Aktivierungsverbot besteht (z.B. § 5 Abs. 2 EStG),

- Realisierung von Kursgewinnen im IFRS-Abschluss, denen auf Grund des Anschaffungswertprinzips keine Gewinnrealisierung in der Steuerbilanz (§ 6 Abs. 1 Nr. 1 u. 2 EStG; § 253 Abs. 1 HGB) gegenüberstehen,

---

[138] Vgl. IFRS-HB 2007, S. 509.

[139] Dies gilt auch für die tatsächlichen Steuern, wobei hier – mit Ausnahme der Verzögerungen durch ausstehende Betriebsprüfungen und deren Folgefestsetzungen von geänderten Steuerschulden oder auch Steuererstattungsansprüchen – stets kurzfristige Fälligkeiten gegeben sein werden. Zu den Ausnahmen bei verschiedenen Steuersubjekten, vgl. IAS 12.76.

[140] Vgl. IFRS-HB 2007, S. 509.

[141] Aber: Ausnahme zu IAS 12.28 bei thesaurierten Ergebnissen vollkonsolidierter Tochterunternehmen oder quotal konsolidierter Unternehmen im Konzernabschluss, vgl. IFRS-HB 2007, S. 491.

[142] In Anlehnung an EBERHARTINGER, in: BAETGE/KIRSCH/THIELE BILANZRECHT, § 274 Rn. 517.

- Eigenkapitalkomponenten hybrider Finanzierungsinstrumente (IAS 32, 12.23),

- längere Nutzungsdauern nach IFRS als im Rahmen der steuerlichen Gewinnermittlung (wegen Anlehnung an die AfA-Tabellen des BMF),

- Bewertung bestimmter Aktiva mit einem fair value, welcher über dem steuerlichen Buchwert (insbesondere den historischen Anschaffungs- oder Herstellungskosten) liegt (z.B. investment property gem. IAS 40),

- erfolgsneutrale Neubewertung von Sachanlagevermögen, welche steuerlich unzulässig ist (erfolgsneutrale Steuerabgrenzung gem. IAS 12.62),

- Unternehmenszusammenschluss (business combination), bei welchem im IFRS-Abschluss die Buchwerte auf fair value aufgestockt werden, in der Steuerbilanz aber die Buchwerte fortgeführt werden (IAS 12.26(c)).

4.3.3 Aktivische latente Steuern

Aktivische latente Steuern sind hingegen nur anzusetzen, wenn es wahrscheinlich ist, dass künftig ein Ereignis vorliegen wird, gegen das die Steuerlatenz aufgerechnet werden kann (IAS 12.24). Es werden folgende Indikatoren hierfür angeführt:[143]

- Vorliegen zeitkongruenter, passiver latenter Steuern (IAS 12.28),

- Wahrscheinlichkeit künftiger Gewinne des Unternehmens, die gegenüber derselben Steuerbehörde veranlagt werden (IAS 12.29(a)) und/oder

- Möglichkeit, durch steuerplanerische Maßnahmen (insbesondere steuerbilanzpolitischer Natur) zeitkongruente Gewinne zu schaffen, z.B. Auflösung stiller Reserven (IAS 12.29(b)).

Das Kriterium der Wahrscheinlichkeit (*probability*) des notwendigen Vorliegens eines positiven zu versteuernden Einkommens (*taxable profit*)[144] in IAS 12.27 ist im Sinne einer über 50 % liegenden Erwartung (*more likely than not*) zu verstehen.[145]

---

[143] Vgl. EBERHARTINGER, in: BAETGE/KIRSCH/THIELE BILANZRECHT, § 274 Rn. 527; SCHULZ-DANSO, in: BECK IFRS-HB 2006, § 25 Rn. 46-50; IFRS-HB 2007, S. 485. Die Ansatzausnahmen des IAS 12.24 sind zu beachten.

[144] Bezogen auf die Gewerbeertragsteuern ist der *taxable profit/loss* der aus dem zu versteuernden Einkommen abgeleitete Gewerbeertrag; vgl. COENENBERG/HILLE, in: BAETGE IFRS-KOMM, IAS 12 Rn. 6.

[145] Vgl. LIENAU 2006, S. 44f. u. 130ff; FÖRSCHLE/KRONER 1996, S. 1639.

Auch hier ist die Steuerabgrenzung für quasi-permanente Differenzen vorzunehmen. So bspw. bei der außerplanmäßigen Abschreibung (impairment) im nicht abnutzbaren Anlagevermögen, welche steuerlich als Teilwertabschreibung nicht anerkannt wird oder nicht abzugsfähig ist und bei einer Beteiligung an einer Personengesellschaft.[146] Auf Grund der Unterschiede zwischen dem IFRS-Abschluss und der deutschen Steuerbilanz ergeben sich aktive latente Steuern u.a.:[147]

- Pensionsrückstellungen im IFRS-Abschluss höher als nach § 6a Abs. 3 EStG steuerlich zulässig (IAS 12.26 i.V.m. IAS 19),
- Rückstellungen für ungewisse Verbindlichkeiten, welche im IFRS-Abschluss mit einem niedrigeren Satz diskontiert werden als der ertragsteuerliche Abzinsungssatz von 5,5 v.H. (§ 6 Abs. 1 Nr. 3a lit. e EStG),
- Rückstellungen, die im Einzelfall nach IFRS zu bilanzieren sind, in der Steuerbilanz jedoch nicht passiviert werden dürfen (bspw. Drohverlustrückstellungen gem. § 5 Abs. 4a EStG),
- Erstattungen oder Rückgriffsansprüche, die beim Ansatz von Rückstellungen gegengerechnet werden können, müssen nach IAS 37.53 „so gut wie sicher sein"; nach Steuerrecht muss der Anspruch noch nicht einmal wirtschaftlich entstanden sein,
- Erfolgsneutrale Neubewertung von Sachanlagevermögen, welche steuerlich unzulässig ist; sofern der Neuwert nach IFRS unter dem Steuerbilanzwert liegt, ist eine erfolgsneutrale aktive Steuerabgrenzung erforderlich (IAS 12.62),
- Unternehmenszusammenschluss bei welchem im IFRS-Abschluss die Buchwerte zu fair value-Werten neu bemessen werden, in der Steuerbilanz aber die Buchwerte fortgeführt (IAS 12.18a, 19, 66, IFRS 3).

4.3.4 Bilanzierung latenter Steuern auf steuerliche Verlustvorträge

Wenn ein Unternehmen über steuerliche Verlustvorträge, die durch Verrechnung mit zukünftigen Gewinnen voraussichtlich steuerlich genutzt werden können, oder über nicht genutzte Steuergutschriften verfügt, ist gem. IAS 12.34 ein latenter

[146] Letztere wegen der Spiegelbildtheorie: steuerlich werden Gewinnanteile unmittelbar in der Steuerbilanz erfasst, im IFRS-Abschluss wird dies nicht nachvollzogen, vgl. EBERHARTINGER, in: BAETGE/KIRSCH/ THIELE BILANZRECHT, § 274 Rn. 521.

[147] Vgl. LIENAU 2006, S. 43f.; EBERHARTINGER, in: BAETGE/KIRSCH/THIELE BILANZRECHT, § 274 Rn. 522; COENENBERG/HILLE 1997, S. 539; SCHMIDBAUER 2001, S. 1571.

Steueranspruch abzugrenzen. Insoweit handelt es sich um einen Spezialfall des IAS 12.24 zur Aktivierungspflicht aktivischer latenter Steuern, dessen Grundsätze auch hier anzuwenden sind.[148] Der steuerliche Verlustvortrag selbst begründet noch keinen unmittelbaren Steuererstattungsanspruch, sondern lediglich das Recht zur Verrechnung mit positiven Einkünften zukünftiger Veranlagungszeiträume.[149] Dieses Recht verkörpert einen wirtschaftlichen Vorteil in Form einer künftigen Steuerminderung.[150] Bereits der mögliche Zufluss eines wirtschaftlichen Nutzens begründet nach IFRS-F 53ff., 82ff., 89ff. den Ansatz eines Vermögenswertes, so dass der sich aus einem Verlustvortrag ergebende Steuervorteil im Abschluss grds. in der Periode zu berücksichtigen ist, in der der Verlustvortrag entsteht.[151]

Bei deutschen Unternehmen hat die Ermittlung latenter Steuern auf Verlustvorträge für die KSt und GewSt getrennt und für jede Gesellschaft separat zu erfolgen.[152] Die Gründe liegen in der unterschiedlichen Ermittlung der Besteuerungsgrundlagen (zvE gem. § 8 Abs. 1 KStG i.V.m. § 10d Abs. 2 EStG vs. Gewerbeertrag gem. § 7 i.V.m. § 10a GewStG nach diversen Hinzurechnungen und Kürzungen gem. §§ 8 u. 9 GewStG) und der mangelnden Rücktragsmöglichkeit von gewerbesteuerlichen Verlusten. Die Werthaltigkeitsprüfung gem. IAS 12.56 ist auch für die aktiven latenten Steuern auf Verlustvorträge durchzuführen. Somit sind zu jedem Bilanzstichtag die Ansatzvoraussetzungen zu überprüfen. Nur wenn eine Wahrscheinlichkeit zukünftiger steuerlicher Gewinne von größer 50 % gem. IAS 12.34 gegeben ist, darf der Ansatz beibehalten werden. Liegen generelle Unsicherheiten (z.B. geplante Umstrukturierungen, bei denen Verlustvorträge untergehen könnten)[153] vor, ist dies bspw. durch einen Berichtigungsabschlag zu berücksichtigen.[154] Vom bilanzierenden Unternehmen ist gem. IAS 12.35f. eine ausführliche Gewinnprognose mit zahlreichen Nachweisen aufzustellen. Es darf keine eigenständige Steuerplanung verwendet werden, sondern diese muss Bestandteil der Gesamtunternehmensplanung i.S.d. IAS 36.33ff. sein.[155]

---

[148] Zu Pro und Contra einer Aktivierung vgl. MARTEN/WEISER/KÖHLER 2003, die unter den Voraussetzungen des IAS 12 auch eine Aktivierung im HGB-Einzelabschluss befürworten.
[149] Vgl. EITZEN/HELMS 2002, S. 824.
[150] Vgl. SCHULZ-DANSO, in: BECK IFRS-HB 2006, § 25 Rn. 56.
[151] Vgl. COENENBERG/HILLE 1997, S. 542.
[152] Vgl. EITZEN/HELMS 2002, S. 825.
[153] Davon ist nach dem Umwandlungssteuergesetz i.d.F. SEStEG und gem. § 8c KStG n.F. grds. auszugehen; vgl. MEURER 2006, S. 77 zur notwendigen Eliminierung des betreffenden Aktivpostens im Rahmen der PPA.
[154] Vgl. SCHULZ-DANSO, in: BECK IFRS-HB 2006, § 25 Rn. 58f.
[155] Vgl. PwC 2007, S. 13ff.; SCHULZ-DANSO, in: BECK IFRS-HB 2006, § 25 Rn. 61.

Wertberichtigungen sind erfolgswirksam oder erfolgsneutral gem. IAS 12.60(b) vorzunehmen. Auch eine Nachaktivierung bisher noch nicht aktivierter latenter Steuern auf Verlustvorträge ist denkbar, wenn nach aktualisierten Planungen bzw. Erkenntnissen nunmehr die künftige Ausgleichsfähigkeit gegeben ist.[156] Bei der Werthaltigkeitsprüfung von Verlustvorträgen nach deutschem Steuerrecht sind die Einschränkungen der Verrechenbarkeit durch die sog. Mindestbesteuerung (§ 10d Abs. 2 EStG, § 10a GewStG) zu beachten. Während diese zeitlich uneingeschränkt vortragsfähig sind, ist diese Eigenschaft im Steuerrecht vielen Staaten jedoch nicht gegeben.

Der Ermessensspielraum bei der Bilanzierung bzw. der Beurteilung der Werthaltigkeit von aktiven latenten Steuern auf Verlustvorträge wurde in der Literatur jüngst kontrovers diskutiert. ZWIRNER/BUSCH/REUTER kamen in ihrer empirischen Untersuchung zur Wesentlichkeit von Verlustvorträgen in deutschen Konzernabschlüssen bereits zu dem Fazit, dass die ertragswirksame Verbuchung aktiver latenter Steuern auf Verlustvorträge nicht unwesentlich zum ausgewiesenen Konzernjahresüberschuss beigetragen hat und sich eine eventuell vorzunehmende Wertberichtigung als zukünftiges Ertrags- und Vermögensrisiko darstellt.[157]

Zwischenzeitlich hat die DPR die Steueransprüche nach IAS 12.35ff. zu einem Schwerpunkt ihrer Prüfungstätigkeit erklärt.[158]Deren Vizepräsident BERGER hatte das „faktische Ansatzrecht“[159] kritisiert und behauptet, dass „der Umfang des Ermessens in den meisten Fällen nicht oder nur eingeschränkt gegeben ist.“[160] HAUCK/PRINZ konterten, dass dies mit einer „sachgerechten und fundierten Einschätzung in Gestalt einer Ermessensentscheidung der Unternehmensführung“ gegeben ist.[161] Strittig war insbesondere der dem Werthaltigkeitstest zu Grunde zu legende Prognosezeitraum. Das DRSC hatte die in der Literatur vertretene Meinung, dass die obere Grenze von zu verrechnenden Steuern auf Verlustvorträge auf einen Prognosezeitraum der nächsten maximal fünf Jahre zu beschränken sei[162], mit Stellungnahme vom 16.01.2007 als nicht dem Standard (IAS 12) entsprechend, abgelehnt.[163]

---

[156] Vgl. IFRS-HB 2007, S. 500.
[157] Vgl. ZWIRNER/BUSCH/REUTER 2003, S. 1049; KÜTING/ZWIRNER 2003, S. 307; KÜTING/ZWIRNER 2007, S. 559.
[158] Vgl. DPR 2007, Tz. 2 lit. b.
[159] Vgl. RABENECK/REICHERT 2002, S. 1415.
[160] Vgl. BERGER 2006, S. 2475.
[161] Vgl. BERGER/HAUCK/PRINZ 2007, S. 414.
[162] Vgl. IFRS-HB 2007, S. 500, § 25 Rn. 61.1.
[163] Vgl. DRSC 2007b; den Diskussionsstand zusammenfassend: LIENAU/ERDMANN/ZÜLCH 2007.

4.3.5 Bewertung der latenten Steuern

Als Konsequenz der Liability-Methode werden die latenten Steuern als künftige Steuerforderungen bzw. Steuerverbindlichkeiten gegen die Finanzbehörden bilanzorientiert betrachtet.[164] Zur Errechnung des Betrages der latenten Steuern ist die einzelne temporäre Differenz mit dem relevanten Steuersatz gem. IAS 12.47 zu multiplizieren. In der Praxis erfolgt dies oftmals vereinfachend für ganze Bilanz- bzw. GuV-Positionen oder für zusammengefasste Gruppen von Vermögens- und Schuldwerten (Gruppendifferenzenmethode). Es sind grundsätzlich die künftigen, im Zeitpunkt der Umkehr der Differenzbeträge gültigen Steuersätze relevant.[165] In IAS 12.48 werden diesem Erwartungshorizont jedoch sogleich enge Grenzen gesetzt, denn demnach muss die Steuersatzänderung hinreichend sicher oder bereits umgesetzt sein (*substantively enacted*). Dies gilt in Deutschland nach h.M. mit der Gesetzeszustimmung des Bundesrates gegeben.[166] Es ist stets der Thesaurierungssatz maßgeblich (IAS 12.52A), da die ertragsteuerlichen Konsequenzen von Ausschüttungen erst bei der Beschlussfassung über die Dividendenausschüttung zu erfassen sind (IAS 12.52B).[167] Bei progressiven oder degressiven Steuersätzen sind durchschnittliche Steuersätze zu verwenden, die in der jeweiligen Periode der Differenzenumkehr erwartet werden (IAS 12.49).[168]

Zu jedem Bilanzstichtag ist gem. IAS 12.56 eine Prüfung der Werthaltigkeit der aktivischen latenten Steuern vorzunehmen. Ist es nicht mehr wahrscheinlich, dass künftig ein ausreichendes zu versteuerndes Einkommen erzielt wird, mit dem die abgegrenzten Differenzen realisiert werden können, muss der Wert der aktivischen latenten Steuern berichtigt werden.[169] Wird es in einer Folgeperiode wahrscheinlich, dass wieder ausreichendes zu versteuerndes Einkommen erzielt wird, sind gem. IAS 12.56 die wertgeminderten latenten Steueransprüche wieder im Wert aufzuholen.[170] Die Änderung ist analog zu einer Schätzungsänderung (IAS 8.32-40) in der GuV der

---

[164] Vgl. EBERHARTINGER, in: BAETGE/KIRSCH/THIELE BILANZRECHT, § 274 Rn. 511.

[165] Auf die in SIC 21 dargestellten Spezialfälle wird verwiesen.

[166] Vgl. EBERHARTINGER, in: BAETGE/KIRSCH/THIELE BILANZRECHT, § 274 Rn. 532 m.w.N. Hierbei wird unterstellt, dass der Bundespräsident die Gegenzeichnung, Ausfertigung und Verkündung des Gesetzes nicht verweigert; vgl. LIENAU 2006, S. 51. HEUSER/THEILE nennen hierfür als Bsp. auch die erfolgte Einigung im Vermittlungsausschuss des Bundestages, vgl. IFRS-HB 2007, S. 498.

[167] In Deutschland ist diese Problematik mit dem Übergang vom Anrechnungs- auf das Halbeinkünfte-Verfahren mittlerweile gegenstandslos geworden. Zur Bestimmung des künftigen Steuersatzes einer KapG in Dtld. vgl. LIENAU 2006, S. 52ff., jedoch teilweise überholt durch UntStRefG 2008.

[168] Zu den speziellen Fragen bei der Bilanzierung latenter Steuern bei (der Beteiligung an) Personengesellschaften, vgl. LIENAU 2006, S. 55ff. sowie ausführlich ERNSTING/LOITZ 2004.

[169] Vgl. SCHULZ-DANSO, in: BECK IFRS-HB 2006, § 25 Rn. 139.

[170] Vgl. COENENBERG/HILLE, in: BAETGE IFRS-KOMM, IAS 12 Rn. 110; Hoffmann in: HAUFE IFRS-KOMM. 2007, § 26 Rn. 79.

laufenden Periode zu erfassen.[171] Nach IAS 12.53 sind die latenten Steuern grundsätzlich nominal auszuweisen, d.h. es erfolgt keine Abzinsung. Begründet wird dies in IAS 12.54 mit der Unangemessenheit einer Barwertermittlung und damit einem unausgewogenen Kosten-Nutzen-Verhältnis.[172]Das Diskontierungsverbot wird in der Literatur angeregt diskutiert[173] und ggf. in Kürze beseitigt.[174] Zum einen wird bei der Bewertung der Steuerlatenzen abweichend zum differenzbegründenden Vermögenswert/Schuld vorgegangen (kein echtes *matching principle*) und zum anderen kommt es zu einer tendenziellen Überbewertung der langfristigen latenten Steuern in der Bilanz. Folglich werden die geforderten entscheidungsnützlichen Informationen eingeschränkt.[175]

4.3.6 Anhangsangaben zu latenten Steuern

Dem Grundsatz in IAS 12.79, dass die Hauptbestandteile des Steueraufwandes (Steuerertrages) im Anhang getrennt anzugeben sind, folgen in IAS 12.80-88 umfangreiche und teilweise sehr ausführliche Angabepflichten. Hierbei handelt es sich u.a. um die Herleitung der verwendeten Steuersätze und deren Änderungen, diverse Aufteilungen der Steuerabgrenzungen nach Ursachen und insbesondere um eine ausführliche Überleitungsrechung vom erwarteten zum tatsächlichen Steueraufwand (*numerical [tax] reconciliation* gem. IAS 12.81(c)). Die mit der Überleitungsrechnung vermittelten Informationen sollen es dem Bilanzadressaten ermöglichen, zu verstehen, ob die Relation zwischen dem Steueraufwand und dem handelsrechtlichen Periodenergebnis (vor Ertragsteuern) ungewöhnlich ist (IAS 12.84). Abweichungen einmaliger oder außergewöhnlicher Natur und die Treiber der (Konzern-)Steuerquote als Anhaltspunkte einer möglichen Steueroptimierung sollen erkennbar werden.[176] Der unternehmensinterne Aufwand zur Ermittlung der erforderlichen Daten zur Erfüllung all dieser Berichtserfordernisse sollte keinesfalls unterschätzt werden.[177]

---

[171] Vgl. BALLWIESER/KURZ in: WILEY IFRS-KOMM. 2007, Abschn. 15 Rn. 43; LIENAU 2006, S. 61.
[172] Vgl. COENENBERG/HILLE, in: BAETGE IFRS-KOMM, IAS 12 Rn. 108.
[173] Vgl. bspw. LOITZ/RÖSSEL 2002 m.w.N.
[174] Durch das kurzfristige Konvergenzprojekt mit den US-GAAP, vgl. Abschn. 5.2.
[175] Vgl. COENENBERG/HILLE, in: BAETGE IFRS-KOMM, IAS 12 Rn. 43.
[176] Vgl. DAHLKE/EITZEN 2003, S. 2237, die eine ausführliche Musterdarstellung liefern. Zur steuerlichen Überleitungsrechnung bei der Umstellung auf IAS/IFRS vgl. LOITZ 2003 und zu den Unterschieden ggü. den US-GAAP-Vorschriften vgl. LOITZ 2004.
[177] Vgl. bspw. die Prophezeiungen von ERNSTING 1997, S. 555, und FISCHER 2000, S. 685, zur Verabschiedung/Umsetzung des IAS 12 revised, denen aus heutiger Sicht nicht widersprochen werden kann.

4.4 Besonderheiten latenter Steuern im IFRS-Konzernabschluss

Analog dem HGB-Konzernabschluss[178] kann auch die Steuerabgrenzung im IFRS-Konzernabschluss in drei Stufen eingeteilt werden[179]:

- Steuerabgrenzung auf Grund von Abweichungen zwischen dem IFRS-Einzelabschluss (IFRS-Bilanz I) und Steuerbilanz (sog. *inside basis differences I*),
- Steuerabgrenzungen auf Grund von Anpassungen der IFRS-Bilanz I an konzerneinheitliche Bilanzierungs- und Bewertungsmethoden (IFRS-Bilanz II) sowie durch die Währungsumrechnung (*sog. inside basis differences II*),
- Steuerabgrenzungen auf Grund von Konsolidierungsmaßnahmen und der Anwendung der Equity-Methode (sog. *outside basis differences*).

Die Grundsätze zum Vorgehen in den ersten beiden Stufen wurden zuvor dargestellt, so dass hier auf die Ebene der Konsolidierungsmaßnahmen und der Anwendung der Equity-Methode Bezug genommen wird. Latente Steuern aus Konsolidierungsvorgängen sind mit latenten Steuern aus temporären Differenzen zu verrechnen.[180] Für die Quotenkonsolidierung enthalten die IFRS keine spezielle Regelung, daher ist bei der Eliminierung von konzerninternen Verflechtungen gem. IAS 27.4 analog zur Vollkonsolidierung (jedoch nur in Höhe der Beteiligungsquote) vorzugehen.[181]

Bei der Kapitalkonsolidierung können latente Steuern aus temporären Bilanzdifferenzen bei der Aufdeckung stiller Lasten und Reserven entstehen. Diese werden durch Identifikation aller Vermögenswerte und Schulden im Rahmen einer Kaufpreisverteilung der Anschaffungskosten der Beteiligung (*Purchase Price Allocation - PPA*) und deren Bewertung zum Fair value (statt dem Buchwert) gebildet.[182] Der Ansatz eines Goodwills als Residualgröße gem. IFRS 3.51 führt jedoch nicht zum Ansatz passiv latenter Steuern (IAS 12.15(a), 12.21A, 12.66). Werden bei der PPA spezielle immaterielle Vermögenswerte aktiviert, sind darauf passive latente Steuern zu bilden. Ein ggf. entstehender negativer Goodwill ist gem.

---

[178] Vgl. Abschn. 2.2.2.
[179] Vgl. BAETGE/KIRSCH/THIELE 2000, S. 519f. Zu den in der Praxis gefestigten Begrifflichkeiten vgl. SCHULZ-DANSO, in: BECK IFRS-HB 2006, § 25 Rn. 102f. m.w.N.
[180] Vgl. IFRS-HB 2007, S. 510.
[181] Vgl. BAETGE/KIRSCH/THIELE 2000, S. 519.
[182] Vgl. FÖRSCHLE/DEUBERT in: BECK BILKOMM. 2006, § 301 RN. 3; KÜTING/WIRTH 2003, S. 624f.; HEURUNG 2000, S. 1344f.; SENGER/BRUNE, in: BECK IFRS-HB 2006, § 33 Rn. 237ff.

IFRS 3.56(b) unmittelbar erfolgswirksam zu erfassen.[183] Mit dem Unternehmenszusammenschluss können evtl. bisher nicht angesetzte Verlustvorträge des Mutterunternehmens werthaltig werden. Wird ein steuerlicher Verlustvortrag von dem erworbenen Unternehmen übernommen, der werthaltig, d.h. nutzbar ist oder damit wird, sind ebenfalls aktive latente Steuern gem. IAS 12.34 abzugrenzen.[184]

Bei der Zwischengewinneliminierung kann es zu temporären Bilanzdifferenzen kommen, wenn die Konzernanschaffungs-/herstellungskosten eines konzernintern verkauften Vermögenswertes und dessen Anschaffungskosten im IFRS-Einzelabschluss des kaufenden Konzernunternehmens auseinanderfallen.[185] Auf diesen Zwischengewinn/Zwischenverlust sind gem. IAS 12.25 Steuerabgrenzungen vorzunehmen.

Auch aus der Schuldenkonsolidierung können trotz Eliminierung sämtlicher Ansprüche und Verpflichtungen zwischen in den Konzernabschluss einbezogenen Unternehmen gem. IAS 27.24 temporäre Bilanzdifferenzen entstehen. Hierfür sind ebenfalls latente Steuern zu aktivieren bzw. passivieren. Beispiele hierfür sind konzerninterne Forderungsabschreibungen, konzerninterne Rückstellungen und die Fremdwährungsumrechung mit unterschiedlichen Kursen.[186]

Für die phasenverschobene konzerninterne Ergebnisübernahme können keine temporären Differenzen entstehen. Da dieser Fall in IAS 12 nicht explizit geregelt ist, muss auf die allgemeinen Grundsätze der Steuerabgrenzung bzw. die Analogie zu IAS 12.52(b) zurückgegriffen werden. In deren Folge sind keine Abgrenzungen vorzunehmen.[187]

Bei der Anwendung der Equity-Methode eines im Einzelabschluss zu Anschaffungskosten bilanzierten Beteiligungsunternehmens ändert sich dessen Beteiligungsbuchwert weder durch Ausschüttung noch durch Thesaurierung von Gewinnen. Im Konzernabschluss führen nicht ausgeschüttete Gewinne jedoch zu einer abgrenzungspflichtigen temporären Differenz (IAS 12.42 i.V.m.

---

[183] Vgl. IFRS-HB 2007, S. 487. Sollte beim *asset deal* ein steuerlich absetzbarer Goodwill entstanden sein, ist dieser jedoch ggf. anzusetzen, vgl. ebenda S. 487f.

[184] Vgl. KÜTING/WIRTH 2003, S. 626, 630; HEURUNG/KURTZ 2000, S. 1778.

[185] Vgl. SENGER/BRUNE, in: BECK IFRS-HB 2006, § 33 Rn. 244.; BAETGE/KIRSCH/THIELE 2000, S. 521f.

[186] Vgl. BAETGE/KIRSCH/THIELE 2000, S. 522; SENGER/BRUNE, in: BECK IFRS-HB 2006, § 33 Rn. 240ff.

[187] Vgl. BAETGE/KIRSCH/THIELE 2000, S. 523; SENGER/BRUNE, in: BECK IFRS-HB 2006, § 33 Rn. 245f.

IAS 12.38f.).[188] Die Abgrenzung muss unterbleiben, wenn in absehbarer Zeit vereinbarungsgemäß keine Ausschüttungen stattfinden sollen (IAS 12.42) oder diese unwahrscheinlich sind (IAS 12.448a)) bzw. künftig keine steuerlichen Gewinne erwirtschaftet werden, mit denen die temporären Differenzen verrechenbar sind (IAS 12.44(b)).

[188] Vgl. HAYN, in: BECK IFRS-HB 2006, § 34 Rn. 56f.; BAETGE/KIRSCH/THIELE 2000, S. 523f.

5 Ertragsteuern in der Rechnungslegung nach US-GAAP

5.1 Ertragsteuern in Jahres- und Konzernabschlüssen

Die US-Kapitalmärkte gelten wegen der Kapitalbeschaffung zu günstigen Konditionen, ihrer Größe, der hochentwickelten Aktienkultur und ihrer guten Organisation auch für deutsche Unternehmen als attraktiver Handelsplatz.[189] Allerdings haben die strengen Bestimmungen der amerikanischen Börsenaufsichtsbehörde (SEC) und insbesondere die Regelungen des Sarbanes-Oxley Act of 2002[190] deren Anziehungskraft deutlich schwinden lassen, so dass derzeit noch 28 deutsche Gesellschaften in den USA gelistet sind.[191] An deutschen Börsen hat die Bilanzierung nach den US-GAAP zu Gunsten der IFRS-Rechnungslegung erheblich nachgelassen.[192]

Die GAAP sind ein unbestimmter Rechtsbegriff, der ein historisch gewachsenes System von Rechnungslegungsvorschriften, Interpretationen, sonstiger Literatur und den Praktiken der Industrie mit unterschiedlichem Verbindlichkeitsgrad beinhaltet.[193] Im Unterschied zu den weitestgehend akademisch-institutionell entwickelten IFRS-Vorschriften entstehen die US-GAAP „hautsächlich aus der praktischen Anwendung der Rechnungslegung“[194]. Die US-GAAP finden Beachtung bei der Auslegung und Weiterentwicklung von IAS/IFRS mangels deren Historie und Regelungsdichte.

Im SFAS 109 *Accounting for Income Taxes* werden – ähnlich dem IAS 12 - die wesentlichen Grundsätze der Bilanzierung von tatsächlichen und latenten Ertragsteuern geregelt. Danach kommt die bilanzorientierte Liability-Methode zur Anwendung und die Abgrenzung latenter Steuern erfolgt nach dem Temporary-Konzept. Permanente Differenzen sind gem. SFAS 109.14 nicht durch latente Steuern zu erfassen. Insoweit steht der möglichst korrekte Vermögensausweis im Vordergrund. Generell ist auf alle *temporary differences* eine Steuerabgrenzung vorzunehmen, Ausnahmen ergeben sich aus SFAS 109.31ff. Für Verlustvorträge und noch nicht genutzte Steuergutschriften sind stets aktive latente Steuern zu bilden, jedoch ist im zweiten Schritt ggf. ein Sicherheitsabschlag

---

[189] Vgl. Schildbach 2000, S. 1.

[190] Der Sarbanes-Oxley Act wurde am 25. Juli 2002 vom Kongress verabschiedet und mit der Unterzeichnung durch Präsident George W. Bush am 30. Juli 2002 in Kraft gesetzt.

[191] Vgl. KPMG 2007.

[192] Vgl. Untersuchung von KÜTING/ZWIRNER 2007, S. 559ff. Danach waren per 31.12.2005 von 160 indizierten Unternehmen im Prime Standard (DAX, MDAX, SDAX, TecDAX) noch 13, d.h. 8 % als US-GAAP-Anwender verblieben.

[193] Sog. *House of GAAP*, vgl. ADS INTERNATIONAL, Abschn. 1, Rn. 21ff.; PELLENS 1999, S. 116ff.

[194] Vgl. KPMG 2006, S.1.

(*valuation allowences*) zu bilden. (SFAS 109.21 u. 41)[195] Die Unsicherheit beim Ansatz und bei der Bewertung von Steuerpositionen (z.B. wegen den in einer Betriebsprüfung noch zu klärenden Sachverhalten) ist durch eine Überprüfung gem. FIN 48 zu beurteilen. Hierbei handelt es sich um eine rein fachlich determinierte Wahrscheinlichkeitsbeurteilung (*more-likely-than-not*-Kriterium).[196]

Die Bewertung der Steuerabgrenzung erfolgt mit dem künftigen Steuersatz der Periode der Umkehr der Differenzen. (SFAS 109.18) Die Auswirkungen von Veränderungen der Steuersätze sind erst mit deren Inkrafttreten zu erfassen. (SFAS 109.27)[197] Effekte aus der Umbewertung latenter Steueransprüche und -schulden sind erfolgswirksam zu erfassen, auch wenn diese zuvor erfolgsneutral abgegrenzt wurden. (SFAS 109.27 u. 36)[198] Wurde ein Posten bzw. dessen Veränderung im Eigenkapital erfasst, sind auch die darauf entfallenden latenten Steuern in dieser oder den Folgeperioden erfolgsneutral im *other comprehensive income (OCI)* oder den *retained earnings* zu buchen. (SFAS 109.36) Der Steueraufwand oder -ertrag eines Geschäftsjahres ist in der GuV den Kategorien *continuing operations, discontinued operations* oder *extraordinary items* zuzuordnen. (SFAS 109.35) Eine Diskontierung latenter Steuern ist grundsätzlich nicht vorgesehen. (ABP 10.6; SFAS 109.5b u. 199)[199]

Hinsichtlich der latenten Steuerposten ist eine Fristigkeitsunterscheidung vorzunehmen. Die Zuordnung zu lang- oder kurzfristigen Vermögenswerten und Schulden erfolgt nach dem erwarteten Umkehrzeitpunkt. (SFAS 109.41) Handelt es sich um Steueransprüche und -schulden ggü. dem gleichen Fiskus und aus der gleichen Steuerart, sind diese nach den Fristigkeitsgruppen zu saldieren. (SFAS 109.42) Bezüglich des Anhanges verlangen die US-GAAP neben zahlreichen anderen Angabepflichten gem. SFAS 109.43ff. insbesondere die Aufstellung einer ausführlichen Überleitungsrechnung vom erwarteten zum tatsächlich ausgewiesenen Steueraufwand (SFAS 109.47).[200]

---

[195] Vgl. HAYN/WALDERSEE 2004, S. 208; COENENBERG 2006, S. 467. So auch für Verlustvorträge, die bei einem Unternehmenskauf erworben wurden. (SFAS 109.30 u. 135)
[196] Vgl. KPMG 2006, S. 321.
[197] Vgl. BALLWIESER/PAARZ, in: WILEY IFRS-KOMM. 2007, S. 1275.
[198] Vgl. HAYN/WALDERSEE 2004, S. 210.
[199] Ein als langfristig auszuweisender laufender Steueranspruch ist nach ABP 21 jedoch abzuzinsen, vgl. KPMG 2006, S. 324.
[200] Vgl. LOITZ 2003, S. 1191ff.

5.2 Konvergenzprojekt IFRS/US-GAAP

Grundsätzlich lässt sich feststellen, dass sich die Vorschriften zur Bilanzierung der Ertragsteuern im Regelwerk der US-GAAP den IFRS nahezu gleichen.[201] In den Regelungen von IAS 12 und SFAS 109 wird nach dem gleichen Grundkonzept und denselben Methoden vorgegangen.[202] Der SFAS 109 bzw. FIN 48 ist in manchen Punkten etwas detaillierter bzw. genauer als der IAS 12, so z.B. bei der Beurteilung der Werthaltigkeit der einzelnen Steuerabgrenzung. Andererseits führen diverse starre Regelungen (bspw. die späte Anwendung geänderter Steuersätze oder die erfolgswirksame Fortführung ursprünglich erfolgsneutral gebildeter latenter Steuern) eher zu Ungenauigkeiten bzw. verzögerter zeitlicher Aktualität.

Die Globalisierung des Kapitalmarktes bringt die Umsetzung des Wunsches nach einheitlichen international anzuwendenden Rechnungslegungsstandards schrittweise voran. Die Annäherung der zwei bedeutenden Regelwerke (IFRS und US-GAAP) hat deutlich an Geschwindigkeit gewonnen. IASB und FASB[203] arbeiten an verschiedenen Konvergenzprojekten, deren Ergebnisse regelmäßig Niederschlag in aktualisierten *Standards/Opinions/Interpretations* findet. So werden von der Phase B des *Financial Statement Presentation Projects* (vormals: *Performance Reporting Project)* weitreichende Konsequenzen für die Rechnungslegungspraxis erwartet. Mit der Strukturierung von Rechnungslegungsinformationen an Hand der Kriterien *operating, investing* und *financing* soll sich eine erhöhte Entscheidungsnützlichkeit aus der Darstellung der Abschlussinformationen ergeben.[204]

Seit September 2002 arbeiten IASB und FASB zielgerichtet an der Konvergenz der beiden Rechnungslegungswerke. Im *Memorandum of Understanding* vom 26.02.2006 wurde eine *Roadmap 2006-2008* vereinbart.[205] Deren Bestandteil ist das *joint short-term convergence project* zur Thematik *Income Taxes*.[206] Die Frage der Annäherung der Normen zur Bilanzierung von Ertragsteuern war bereits seit September 2002 auf der Agenda und soll bis 2009 in einen endgültigen Standard münden.[207] Derzeit liegt ein *Project Update* des IASB vom September 2007 vor, der eine Veröffentlichung des *Exposure Draft* des

---

201 Vgl. KLEIN 2001, S.1456.
202 Vgl. PwC 2007b, S. 52f.
203 Zur Tätigkeit des FASB vgl. SCHÖNWALD in: VAHLEN AUDITING LEXIKON, S. 461ff.
204 Vgl. ZÜLCH/FISCHER 2007, S. 1765 u. 1770.
205 Vgl. IASB 2007c.
206 Vgl. IASB 2007c, S1F.
207 Vgl. IASB 2007a.

angestrebten gemeinsamen Standards für Jahresbeginn 2008 vorsieht.[208] Die dort zur Entscheidungsfindung bzw. Umsetzung von IASB und FASB angelisteten Punkte sind recht umfassend.

Neben mehreren Definitionsklärungen *(tax base, tax credit, probable* vs. *more likely than not*), diverser Streichungen von Ausnahmeregelungen zum Ansatz temporärer Differenzen in der Steuerabgrenzung (beim Erstansatz von Vermögenswerten und Schulden), dem Zeitpunkt der Anwendung geänderter Steuersätze (stets *substantively enacted*) soll es auch zu einigen grundlegenderen Änderungen im IAS 12 kommen. So wird in dem Änderungsentwurf für die Bewertung der *allowance approach* des SFAS 109, d.h. die Methodik eines (Un-)Sicherheitsabschlages übernommen und damit von der bisherigen Netto-Methode des IAS 12 zur Brutto-Methode gewechselt. Der Bilanzausweis der Steuerabgrenzungspositionen wird - dem Fristigkeitskonzept des überarbeiteten IAS 1 folgend - in *current* und *non-current* aufgeteilt vorgenommen, wobei dies in Abhängigkeit vom steuerlich relevanten Bilanzposten erfolgt. Für die Überleitungsrechnung ist zwingend (bisher nicht vorgeschrieben, aber in der Praxis üblich) der Steuersatz des Mutterunternehmens zu verwenden. Bei unterschiedlichen Steuersätzen für Ausschüttung und Thesaurierung ist für die Bewertung ein Steuersatz zu verwenden, der die bisherige und voraussichtliche Ausschüttungspraxis zu Grunde legt.[209]

Bei der Berücksichtigung von Betriebsprüfungsrisiken werden die vom FASB in FIN 48[210] dargelegten Grundsätze vom IASB nicht geteilt. Hier soll an den überarbeiteten IAS 37 *Provisions, Contigent Liabilities and Contingent Assets*[211] angeknüpft werden. Dieser sieht im ersten Schritt einen Ansatz unabhängig von der Wahrscheinlichkeit vor, dem erst im zweiten Schritt eine Bewertung folgt. Das FIN 48-Verfahren der kumulierten Wahrscheinlichkeiten ist hierbei vom IASB-Erwartungswertverfahren abweichend geblieben.[212] Die erwartete Vorschrift zur Abzinsung der bilanziellen Steuerpositionen ist nicht Gegenstand geworden.[213]

---

[208] Vgl. IASB 2007b, S. 1.

[209] Vgl. IASB 2007b.

[210] Im August 2006 wurde vom FASB die FIN 48 zu SFAS 109 veröffentlicht, der bei einer über 50 % liegenden Wahrscheinlichkeit der Anerkennung eines geltend gemachten Sachverhaltes durch die Betriebsprüfung/Steuerbehörden dessen Berücksichtigung grundsätzlich verlangt.

[211] Ebenfalls Teil des Short-term Convergence Projects, Entwurf im 1. Halbjahr 2009 erwartet.

[212] Zu den Auswirkungen der Betriebsprüfung in IFRS-Abschlüssen bei zuvor nicht berücksichtigten BP-Risiken vgl. HEUSER/THEILE/PAWELZIK 2006; BALLWIESER/KURZ, in: WILEY IFRS-KOMM. 2007, S. 758 RN. 102, hatten hier eine Übereinstimmung erwartet.

[213] Vgl. LOITZ/RÖSSEL 2002, S. 651. Eine zukünftiges Diskontierungsgebot kann ggf. jedoch auch aus anderen Standards als IAS 12 resultieren.

5.3 Bedeutung der (Konzern-)Steuerquote

Unter der Konzernsteuerquote oder *Effective Tax Rate (ETR)* wird das Verhältnis des Ertragsteueraufwands (-ertrags) der Periode zu dem im gleichen Zeitraum erwirtschafteten Einkommen vor Ertragsteuern auf Konzernebene verstanden. Seit den 1990er Jahren wird die Konzernsteuerquote zunehmend als strategischer Erfolgsfaktor gesehen und zur Beurteilung der Steuerbelastung des Konzerns und der Leistung der Steuerabteilung herangezogen.[214]

Die Bedeutung Konzernsteuerquote steigt mit zunehmender Kapitalmarktorientierung der Unternehmen.[215] Insbesondere Finanzanalysten orientieren sich stark am Ergebnis je Aktie (*earnings per share*) als Kennziffer für den Unternehmenserfolg. Das IASB hat mit IAS 33 *Earnings per Share* sogar einen eigenen Standard hierfür geschaffen, der verlangt, diese Größe zu veröffentlichen(IAS 33.5). Dies gilt auch für die Zwischenberichterstattung (IAS 34.11). Da sich die Konzernsteuerquote direkt auf das Ergebnis je Aktie auswirkt, kommt ihr eine nicht zu unterschätzende Rolle zu. Bei der Fokussierung auf den Shareholder value wird der Wertschöpfungsbeitrag aus der Steuerposition kritisch hinterfragt. Insbesondere im Rahmen des Value Based Managements[216] kommt der Kommunikation der steuerlichen Situation und Entwicklung eine wichtige Rolle zu. Danach wird ein Tax Reporting für erforderlich gehalten und die Effizienz eines Tax Controlling an der Konzernsteuerquote gemessen.[217]

Die Reduzierung der Konzernsteuerquote steht im Mittelpunkt der betrieblichen Steuerbilanzpolitik. Durch Sachverhaltsgestaltungen, d.h. der zielorientierten Gestaltung tatsächlicher Vorgänge und Zustände vor ihrer Realisierung zur Erfüllung gewünschter bzw. zur Vermeidung unerwünschter steuerlicher Tatbestände, soll eine Steuervermeidung erreicht werden.[218] Im internationalen Konzern geschieht dies vorrangig durch Verlagerung von Steuerergebnis in niedrig(er) besteuernde Staatsgebiete mittels Standort- und Rechtsformwahl, Funktionsverlagerungen, Verrechnungspreisgestaltung usw.[219]

---

214 Vgl. SPENGEL/SCHMUNDT, in: VAHLEN AUDITING LEXIKON, S. 838.
215 Vgl. ZIELKE 2006, S. 2585.
216 Auf Basis eines Value Reporting Systems, auch als wertorientierte Unternehmensführung oder Shareholder value Reporting bezeichnet; vgl. BAETGE/HEUMANN 2006, S.345.
217 Vgl. FREIDANK/VELTE 2007, S. 791; FREIDANK/VELTE, in: HEYD/KEITZ (HRSG.) 2007, S. 9f.
218 Vgl. MAMMEN 2007, S. 109.
219 Vgl. GROTHERR, IN: GROTHERR (HRSG.) 2003, S. 16; HERZIG 2003, S. 84ff.

Durch die Berücksichtigung latenter Steuern im Steueraufwand wird die Steuerquote zu einer aussagefähigen Größe.[220] Latente Steuern bewirken einen Kompensationseffekt, der die Steuerquote an den nominalen Steuersatz angleicht. Nur permanente Differenzen können einen Einfluss ausüben, da kein korrespondierender Anstieg der latenten Steuern erfolgt.[221] Allerdings wird in dem vom Standardsetter eröffneten Spielraum zur Bewertung latenter Steuern auch ein verdecktes Wahlrecht als Instrument der Bilanzpolitik gesehen.[222] So führen exogene Einflüsse, wie bspw. Steusatzänderungen, zu einer hohen Reagibilität der Steuerquote.[223] Neben den lokalen Möglichkeiten einer evtl. möglichen Senkung der nichtabzugsfähigen Betriebsausgaben und der Steigerung steuerfreier Erträger bietet letztlich die Ausnutzung des internationalen Steuerwettbewerbs das vorrangige Betätigungsfeld zur Quotensenkung.[224]

Die Aussagekraft der Konzernsteuerquote wird in der Literatur kritisch diskutiert. Explizit wird vor der isolierten Betrachtung dieser Kennziffer gewarnt, da Zusatzinformationen für die Interpretation unverzichtbar sind.[225] Die wichtigste Quelle des Verständnisses der Konzernsteuerquote bzw. deren Herleitung vom anzuwendenden Steuersatz ist die obligatorische Überleitungsrechnung im Anhang (*tax reconciliation* – DRS 10.42, IAS 12.81(c), SFAS 109.47).[226] Da diese Kennziffer zwischenzeitlich eine hohe Bedeutung erreicht hat, ist es folgerichtig, dass auch der unterjährigen Glättung der Konzernsteuerquote große Aufmerksamkeit gewidmet wird. Die Methodik zur Darstellung des Ertragsteueraufwandes in der Zwischenberichterstattung nach DRS, IFRS und US-GAAP verfolgt schon vom Ansatz her klar das Ziel einer Vermeidung von Ausschlägen in der Steuerquote.

[220] Vgl. ZIELKE 2006, S. 2585.
[221] Vgl. HERZIG/DEMPFLE 2002, S. 3f.; MÜLLER 2002, S. 1687; MAMMEN 2007, S. 105, 107.
[222] Vgl. KIRSCH 2007c, Tz. IV.3; KÜTING/ZWIRNER 2005, S. 1561.
[223] Vgl. MAMMEN 2007, S. 109, Zielke 2006, S. 2585.
[224] Vgl. HERZIG/DEMPFLE 2002, S. 6; HERZIG 2003, S. 86.
[225] Vgl. HANNEMANN/PFEFFERMANN 2003, S. 733.
[226] Vgl. KIRSCH 2003b, S. 705ff.; LOITZ 2003, S. 518ff.; LOITZ 2004, S. 1191f.,

6 Ertragsteuern in der Zwischenberichterstattung

6.1 Notwendigkeit und Gegenstand der Zwischenberichterstattung

Der Zwischenbericht ist ein – vornehmlich von börsennotierten Unternehmen – regelmäßig aufzustellendes Rechnungslegungsinstrument über einen unterjährigen Berichtszeitraum.[227] Es handelt sich um ein rein kapitalmarktorientiertes Informationsinstrument, das weder für Dividenden die Ausschüttungsgrundlage noch für Ertragsteuern die Zahlungsbasis bildet. Damit grenzt sich der Zwischenbericht klar vom handelsrechtlichen Jahresabschluss ab. Er überbrückt informatorisch den 12-Monats-Zeitraum zwischen zwei Jahres- bzw. Konzernabschlüssen, d.h. er ist diesen subsidiär.[228] Durch diese besondere Zeitnähe wird er als Publizitätsinstrument für alle Kapitalmarktteilnehmer besonders interessant.[229] Die Unternehmensleitung informiert durch die Zwischenberichterstattung die übrigen Unternehmensorgane und die interessierte Öffentlichkeit über die unterjährige Unternehmensentwicklung.[230] Das Ziel besteht darin, den (potenziellen) Anleger durch die Bereitstellung aktueller Informationen über den Geschäftsverlauf und die Lage des Unternehmens zu befähigen, tendenzielle Entwicklungen zu erkennen und damit eine Beurteilung seines finanziellen Engagements zu ermöglichen.[231] Er wird in verschiedener Hinsicht als mit dem Lagebericht nach § 289 HGB vergleichbar betrachtet.[232]

Die Verpflichtung zur Aufstellung eines Zwischenberichtes ergibt sich primär weder aus den deutschen handelsrechtlichen Normen noch aus den internationalen Rechnungslegungsvorschriften sondern aus institutionellen Regelungen bzw. börsenrechtlichen Vorschriften. Durch die hierfür einschlägigen Standards zur Rechnungslegung (IAS 34, APB 28, DRS 6 bzw. E-DRS 16) werden die Anforderungen an den Zwischenbericht lediglich konkretisiert.[233] So wurde in den USA die Pflicht zur Offenlegung von Zwischenberichten im Börsenrecht (SEC-Regelwerk)[234] kodifiziert und in Europa ergeben sich die Grundanforderungen für den Kapitalmarkt ab 1982 aus der EG-Zwischenberichtsrichtlinie.[235]

---

[227] Vgl. COENENBERG/ALVAREZ, in: HWRP 2002, Sp. 2758.
[228] Vgl. KNORR 2001, S. 1.
[229] Vgl. KILGERT/GROßMANN 1990, S. 189.
[230] Vgl. LORENZEN, in: VAHLEN AUDITING LEXIKON, S. 1576.
[231] Schutzfunktion gem. COENENBERG/ALVAREZ, in: HWRP 2002, Sp. 2760.
[232] Vgl. KILGERT/GROßMANN 1990, S. 196.
[233] Vgl. COENENBERG/ALVAREZ, in: HWRP 2002, Sp. 2759f.
[234] SEC-Regulation S-X 10 Interim Financial Statements; vgl. BORN 2007, S. 359ff.
[235] Zwischenberichtsrichtlinie vom 15. 2. 1982, 82/121/EWG, ABlEG Nr. L 48/26.

Eine Zwischenberichterstattung, und damit die Notwendigkeit der Aufstellung und Veröffentlichung von (Konzern-)Zwischenabschlüssen leitet sich **in Deutschland** seit 1990 aus dem Börsenrecht ab.[236] Durch § 44b BörsG a.F. i.V.m. §§ 53f. BörsZulV a.F. wurde die Umsetzung der EG-Zwischenberichtsrichtlinie praktiziert. § 44b BörsG a.F. ist später durch § 40 BörsG a.F. wortgleich ersetzt worden. „Bei dieser Zwischenberichterstattung waren nur wenige Zahlenangaben und ein überschaubarer Umfang der zwingend notwendigen Erläuterungen sowie weiterer Angaben erforderlich. Darüber hinaus war die gesetzliche Zwischenberichterstattung in Deutschland lediglich als Halbjahresbericht zur Hälfte des Geschäftsjahres ausgestaltet."[237]

Die TransparenzRL der EU wurde mit dem TUG ab 20.01.2007 in deutsches Recht umgesetzt und die Finanzberichterstattung in Deutschland damit gesetzlich grundlegend neu geregelt. Die entsprechenden Normen für Zwischenberichte finden sich nunmehr in den §§ 37v/w/x WpHG.[238] Zu den erweiterten Verpflichtungen der betroffenen sog. Inlandsemittenten von Eigenkapital- oder Schuldtiteln i.S.d. § 2 Abs. 1 WpHG gehören neben der bisherigen Halbjahresfinanzberichterstattung (jetzt gem. § 37w WpHG) auch zwei sog. Zwischenmitteilungen des Vorstandes/der Geschäftsführung (§ 37x WpHG), die durch Quartalsfinanzberichte, welche faktisch den Halbjahresfinanzberichten entsprechen, ersetzt werden können bzw. zu ersetzen sind.[239] Ergänzend besteht weiterhin eine Ad hoc-Publizitätspflicht für alle Insiderinformationen (§ 15 WpHG). Ist das Unternehmen zur Erstellung eines Konzernabschlusses verpflichtet, hat es die Finanzberichte auf konsolidierter Basis zu erstellen (§ 37y Nr. 2 WpHG). Für das Mutterunternehmen ist dann kein gesonderter Finanzbericht nötig.

Ein Halbjahresfinanzbericht hat nach § 37w Abs. 2 WpHG nun mindestens zu enthalten: einen verkürzten Abschluss (mindestens bestehend aus verkürzter Bilanz, verkürzter GuV und einem Anhang - § 37w Abs. 3 S. 1 WpHG), einem Zwischenlagebericht und dem sog. Bilanzeid (Erklärung des Vorstandes nach den

---

[236] COENENBERG/ALVAREZ, Zwischenberichterstattung, in: HdRP 2002, Sp. 2758f.
[237] STRIEDER/AMMENDICK 2007, S. 1368.
[238] Zur Umsetzung der neuen Anforderungen für den Zwischenbericht von Unternehmen des Prime Standards ab 30.06.2007 vgl. PHILIPPS 2007.
[239] Näheres enthalten die jeweiligen Bestimmungen der betreffenden Emmissionsbörse. So müssen Aktienemittenten, die im Prime Standard der Frankfurter Wertpapierbörse gelistet sind, gem. §§ 62,63 dieser Börsenordnung Quartalsberichte für die ersten drei Monate jedes Geschäftsjahres aufstellen und veröffentlichen. Weder der Gesetzgeber (vgl. HGB, BörsO, WpHG) noch der Standardsetter (vgl. IAS 34.1, E-DRS 16.7) verpflichten zur Aufstellung von Quartalsberichten. In DRS 6.6 wird grds. nur von freiwilligen Zwischenberichten ausgegangen.

Vorgaben der §§ 264 Abs. 2 S.3 u. 289 Abs. 1 S. 5 HGB). Die fehlende Verpflichtung zur Aufstellung und Veröffentlichung einer Kapitalflussrechnung, einer Eigenkapitalveränderungsrechnung sowie einer Segmentberichterstattung wird in der Literatur kritisch beurteilt.[240]

Nach § 37w Abs. 5 WpHG kann der verkürzte Abschluss und der Zwischenlagebericht einer prüferischen Durchsicht durch einen Abschlussprüfer unterzogen werden. Ziel der prüferischen Durchsicht soll sein, ausschließen zu können, dass diese beiden Dokumente in wesentlichen Belangen den anzuwendenden Grundsätzen der Rechnungslegung widersprechen. Das Prüfungsergebnis ist in einer Bescheinigung zum Halbjahresfinanzbericht zusammenzufassen, die mit diesem zu veröffentlichen ist. Lässt das Unternehmen den verkürzten Abschluss und den Zwischenlagebericht entsprechend § 317 HGB, d.h. wie einen regulären (Konzern-) Jahresabschluss prüfen, ist der Bestätigungsvermerk oder der Vermerk über seine Versagung vollständig mit der Berichtspublizierung wiederzugeben. Wurde weder eine prüferische Durchsicht noch eine Prüfung analog § 317 HGB durchgeführt, ist dies im Halbjahresfinanzbericht anzugeben.[241]

6.2 Grundsätze unterjähriger Erfolgsermittlung

In der Frage der anzuwendenden Methodik bei der unterjährigen Erfolgsermittlung wird in der Literatur neben der Frequenz der Zwischenberichterstattung die zentrale betriebswirtschaftliche Problematik im Rahmen der Erstellung eines Zwischenberichtes gesehen.[242] In den USA wurden die beiden fundamentalen Konzeptionen, der integrativen (*integral view*) und der eigenständigen bzw. diskreten (*discrete view*) Erfolgsabgrenzung, entwickelt. Aus den kontroversen Diskussionen in Folge der Implementierung des integrativen Ansatzes in den ABP 28[243] ging in der Folgezeit der sog. kombinierte Ansatz (*combination view*) als Kompromiss hervor.[244] In den verschiedenen Methoden kommt die unterschiedliche Sichtweise zur Stellung

---

[240] Vgl. MÜLLER/STUTE 2006, S. 2809f.

[241] Per 30.06.2007 wurde nur bei jedem dritten der deutschen Prime Standard Unternehmen eine prüferische Durchsicht durchgeführt, vgl. PHILIPPS 2007, S. 2331. M.E. ist zu erwarten, dass die prüferische Durchsicht innerhalb kürzester Zeit zur Selbstverständlichkeit wird. Hier wird sich ein entsprechender Erwartungsdruck der Kapitalanleger, Analysten usw. kurzfristig aufbauen. In Vorbereitung auf die Umstellung lassen zahlreiche Unternehmen seit geraumer Zeit sog. *Reviews* von ihrem (Konzern-)Abschlussprüfer durchführen, in deren Ergebnis jedoch (noch) nicht die o.g. Bescheinigung über eine prüferische Durchsicht erstellt wird.

[242] Vgl. COENENBERG 2005, S. 925 m.w.N.; ALVAREZ/WOTSCHOFSKY 2003, S. 99; MÜLLER/STUTE 2006, S. 2806.

[243] Im Mai 1973 veröffentlichte Opinion zur Zwischenberichterstattung bei US-Börsennotierung.

[244] Vgl. COENENBERG 2005, S. 925; MÜLLER/STUTE 2006, S. 2806.

eines Zwischenabschlusses/-berichtes ggü. dem Jahresabschluss zum Ausdruck. Das Zwischenberichtsergebnis bei einer Halbjahresberichterstattung entspricht nach COENENBERGS vereinfachender Formel beim integrativen Ansatz dem „halben Jahresergebnis“ und beim eigenständigen Ansatz dem „Ergebnis des Halbjahres“.[245]

In einem Zwischenbericht kann immer nur ein Ausschnitt aus dem Geschäftsjahr eines Unternehmens gezeigt werden. Das Ergebnis der jeweiligen Berichtsperiode (drei, sechs oder neun Monatszeitraum) ist in großem Maße vom Zeitpunkt der Erfassung der Aufwendungen und Erträge abhängig. Zu einem typischen Zeitpunkt anfallende Aufwendungen und Erträge sowie außerordentliche, ungewöhnliche oder saisonale Ergebniseinflüsse führen zu einer hohen Volatilität der Ergebnisse in der Zwischenberichtsperiode, wenn sie im Zeitpunkt ihres Anfalls erfasst werden. Dem steht bei einer Periodisierung der Aufwendungen und Erträge (unterjährige verteilende Glättung) der potenzielle Konflikt mit den GoB, insbesondere dem Realisationsprinzip, dem Grundsatz der zeitlichen und sachlichen Abgrenzung und das Imparitätsprinzip entgegen.[246]

6.2.1 Integrativer Ansatz

Der integrative Ansatz betrachtet die unterjährige Berichtsperiode als einen integralen Bestandteil der Jahresperiode[247] und stellt damit einen unmittelbaren Zusammenhang zum erwarteten Ergebnis des gesamten Geschäftsjahres her. Mit dem Zwischenbericht soll die Zeit zwischen zwei Jahresabschlüssen überbrückt werden. Ziel ist es, dem Investor eine Prognose des Jahresergebnisses zu geben.[248] Durch die Periodisierung, d.h. die möglichst gleichmäßige Verteilung aller Aufwendungen und Erträge in Form umfangreicher Abgrenzungsbuchungen in die einzelnen Monate bzw. Quartale des Geschäftsjahres soll eine unterjährige Gleichmäßigkeit der Erfolgserzielung abgebildet werden. Diverse auftrags- oder saisonabhängige Schwankungen in den Unternehmensaktivitäten werden so geglättet. Dem Problem, dass in der kurzen Zwischenberichtsperiode für gewöhnlich keine gegenseitige Aufhebung von aperiodischen und außerordentlichen Ergebniseinflüssen erreicht werden kann, tritt man so entgegen.[249] Die ergebnistechnische Zwölftelung bzw. Viertelung zahlreicher Aufwands- und

---

[245] Vgl. COENENBERG 2005, S. 925.
[246] Vgl. MÜLLER/STUTE 2006, S. 2806.
[247] Vgl. COENENBERG 2005, S. 925; ALVAREZ/WOTSCHOFSKY 2003, S. 99 m.w.N.
[248] Vgl. MÜLLER/STUTE 2006, S. 2806.
[249] Vgl. MÜLLER/STUTE 2006, S. 2806.

Ertragsvorgänge scheint gerechtfertigt, da sie sinngemäß dem systematischen Vorgehen bei periodengerechten Verteilung von Vermögensänderungen durch Rechnungsabgrenzungsposten entspricht.[250] Das dortige Konzept der transitorischen und antizipativen Behandlung von (zeitlich zufällig anfallenden) Ausgaben und Einnahmen bzw. Aus- und Einzahlungen als periodengerechte Aufwendungen und Erträge kommt bei der Zwischenergebnisabgrenzung analog zur Anwendung.

Findet dieses Konzept in der umfassenden Glättung sämtlicher Erfolgszahlen seine extremste Ausprägung, kommt es zu einem zeitanteiligen Ausweis von Plangrößen.[251] Damit wären auch die Umsatzerlöse zu glätten, was eine Nichtbeachtung des Realisationsprinzips im deutschen Handelsrecht darstellt.[252] Um diesen Verstoß zu vermeiden, werden in der gemäßigten Umsetzung des integrativen Ansatzes differenzierte Glättungen vorgenommen. Hierbei findet auf der Basis des erzielten Zwischenperiodenumsatzes eine anteilige Aufwandsabgrenzung statt.[253]

Die Vorteile des integrativen Ansatzes liegen in der geringen Gewinnvariation der einzelnen Zwischenperioden und der besseren Prognostizierbarkeit des Jahreserfolges. Als nachteilig gilt die potenzielle Verschleierung der tatsächlichen Erfolgsentwicklung in den Zwischenperioden und die nicht definitionsgerechte Abbildung von Bilanz- und GuV-Positionen durch Abgrenzungs- bzw. Glättungsbuchungen.[254] D.h. zahlreiche für den Jahresabschluss zu benutzenden Methoden der Rechnungslegung kämen unterjährig paradoxerweise nicht zur Anwendung.[255]

6.2.2 Eigenständiger Ansatz

Der eigenständige Ansatz sieht die Zwischenberichtsperiode im Gegensatz zum integralen Ansatz als unabhängige Abrechnungsperiode (*stand-alone-period*). Abgrenzungen werden analog den Vorschriften für den Jahresabschluss vorgenommen. Die primäre Aufgabe der Zwischenberichtserstattung besteht darin, das Ergebnis und den Geschäftsverlauf der unterjährigen Berichtsperiode

---

[250] Vgl. COENENBERG 2005, S. 427ff.
[251] Vgl. BRIDTS 1990, S. 108, zitiert in: ALVAREZ/ WOTSCHOFSKY 2003, S. 100.
[252] Dies kann aber in der IFRS-Rechnungslegung bei einer der (fast ausschließlichen) langfristigen Auftragsfertigung eines Unternehmens und Abbildung gemäß der *Percentage-of-Completion-Method* des IAS 11.30(a) durchaus sachgerecht sein.
[253] Vgl. COENENBERG 2005, S. 926.
[254] Vgl. COENENBERG 2005, S. 926.
[255] Vgl. BRIDTS 1990, S. 115, zitiert in: ALVAREZ/ WOTSCHOFSKY 2003, S. 100.

darzustellen.[256] Die Berichterstattung ist beim eigenständigen Ansatz auf Grund der konsequenten Abstellung auf Ist-Daten tendenziell retrospektiv, während sie beim integralen Ansatz prospektiv ist.[257] Die Aufwendungen und Erträge werden entsprechend ihres (zeitlich zufälligen) Anfalles erfasst, was den GoB entspricht und eine methodische Identität zum Jahresabschluss bildet.[258] Dieses Vorgehen kann zu größeren unterjährigen Ergebnisschwankungen führen. So kann einem (vorläufigen) Verlust in der Zwischenperiode ein Gewinn im Jahresabschluss und umgekehrt folgen. Werden die Zwischenberichtsergebnisse jedoch mit denen des Vorjahres verglichen, sind u.U. fundierdere Erfolgsbeurteilungen möglich und Wendepunkte im Geschäftsverlauf klarer erkennbar.[259]

Als vorteilhaft erweist sich die diskrete Methode hinsichtlich der ggü. dem Jahresabschluss identischen Abschätzungs- und Abgrenzungskriterien sowie GuV- und Bilanzpostendefinitionen. Nachteile liegen in der Neigung zu schwankenden Zwischenergebnissen bei saisonalen Einflüssen[260] und – wenn der Ansatz strikt befolgt wird[261] – evtl. auch in der regelmäßigen Überlastung der letzten Teilperiode des Geschäftsjahres mit typischen Jahresendaufwendungen.[262] Des Weiteren gilt die Prognosefähigkeit hinsichtlich des Jahresergebnisses als erschwert.[263]

6.2.3 Kombinierter Ansatz

Der kombinierte Ansatz ist keine neue Methode der Erfolgsermittlung sondern wurde aufbauend auf den einzelnen Kritikpunkten des integrativen bzw. eigenständigen Ansatzes als Kompromisslösung entwickelt.[264] Der Ansatz geht auf das *Discussion Memorandum* des FASB aus 1978[265] zurück und setzt es sich zum Ziel, mit Hilfe der Zwischenberichterstattung sowohl eine Prognose des Jahresergebnisses zu

---

256 Vgl. ALVAREZ/ WOTSCHOFSKY 2003, S. 101 m.w.N.
257 Vgl. COENENBERG 2005, S. 927.
258 Vgl. MÜLLER/STUTE 2006, S. 2806 m.w.N., sehen hierin eine höhere Objektivität.
259 Vgl. COENENBERG 2005, S. 927 m.w.N.
260 So wird bei der langfristigen Auftragsfertigung eines Unternehmens, die nicht nach der *Percentage-of-Completion-Method* des IAS 11.30(a) abgebildet wird, eine Interpretation der Zwischenberichtsergebnisse deutlich erschwert bzw. die diskrete Methode ungeeignet; vgl. MÜLLER/STUTE 2006, S. 2806.
261 Die Zulässigkeit bzw. GoB-Vereinbarkeit der zeitlichen Verteilung von zeitraumbezogenen Erfolgskomponenten beim diskreten Ansatz wird in der Literatur kontrovers diskutiert; vgl. ALVAREZ/ WOTSCHOFSKY 2003, S. 101 Fn. 5 m.w.N.
262 Vgl. DAHL, G.: Zwischenberichterstattung börsennotierter Unternehmen, Wiesbaden 1995, zitiert in: COENENBERG 2005, S. 927.
263 Vgl. ALVAREZ/ WOTSCHOFSKY 2003, S. 101.
264 Vgl. COENENBERG 2005, S.928; ALVAREZ/ WOTSCHOFSKY 2003, S. 102.
265 Vgl. FASB 1978, §§ 60, 65, 92ff. und 151ff.

ermöglichen als auch den Geschäftsverlauf und die Situation der Zwischenperiode objektiv darzustellen. Somit würden die Vorteile des integrativen und des eigenständigen Ansatzes in einer Methodik vereint.

Hierzu sind die Erfolgskomponenten jeweils den entsprechenden Gruppen zugewiesen und je nach Zuordnung entweder integrativ oder eigenständig erfasst.[266] Eine integrative Erfassung ist jedoch ausschließlich für leistungsbezogene Aufwandsgrößen möglich.[267] Die Umsatzerlöse, außerordentliche Erträge und Aufwendungen sowie streng zeitraumbezogene Aufwendungen sind dem diskreten Ansatz folgend stets nach dem Realisationsprinzip zu erfassen. Nicht streng zeitraumbezogene Aufwendungen (ohne einen direkten Leistungsbezug) wie z.B. Währungskursverluste oder Spenden, sind stichtagsbezogen zu erfassen. Die übrigen Erträge haben sich an den Vorschriften für den Jahresabschluss zu orientieren.[268]

Die doppelte Funktion des Zwischenberichtes als ein eigenständiges Rechnungslegungsinstrument und gleichzeitige Grundlage für die sinnvolle Interpretation der jährlichen Erfolgszahlen verlangt letztlich einen Kompromiss bei der Ansatzauswahl. Nach h.M. in der deutschen Literatur wird der kombinierte Ansatz befürwortet.[269] Er stellt letztlich einen Discrete-View-Ansatz mit sichergestellten Abgrenzungsbuchungen dar, der für die konvergente Ausgestaltung unterjähriger Rechnungen gut geeignet erscheint. Durch zusätzliche Informationen (Vorjahresvergleichsangaben oder Planzahlen) soll die durch die Kurzfrist-Periodisierung bestehende Gefahr von Fehlinterpretationen des Zwischenberichts vermindert werden.[270]

6.3 Unterjährige Ertragsteuerbilanzierung nach HGB

6.3.1 Ertragsteuern in HGB-Zwischenabschlüssen

Das deutsche Handelsrecht sieht die (freiwillige) Aufstellung von Zwischenabschlüssen[271] nicht vor. Nach § 242 HGB ist nur für den Schluss eines Geschäftsjahres eine Bilanz und eine GuV aufzustellen. Damit wird auch den steuerrechtlichen Vorschriften der Gewinnermittlung entsprochen, die in § 4a Abs. 1

---

[266] Vgl. FASB 1978, § 60.
[267] Vgl. FASB 1978, § 168; MÜLLER/STUTE 2006, S. 2807.
[268] Vgl. FASB 1978, §§ 92ff., 151ff. und 168; MÜLLER/STUTE 2006, S. 2807.
[269] Vgl. ALVAREZ/ WOTSCHOFSKY 2003, S. 103 m.w.N.
[270] Vgl. MÜLLER/STUTE 2006, S. 2807.
[271] Zur Begriffsverwendung *Zwischenabschluss* in deutschen Rechnungslegungsvorschriften vgl. LORENZEN, in: VAHLEN AUDITING LEXIKON, S. 1574ff.

S. 2 Nr. 2 EStG i.V.m. § 140 AO auf das Handelsrecht verweisen. Die Ertragsteuern werden für ein Kalenderjahr (Veranlagungs- bzw. Erhebungszeitraum) erhoben. Sollte ein davon abweichendes Wirtschafts- bzw. Geschäftsjahr bestehen, ist das zu versteuernde Einkommen/der Gewerbeertrag auf diesen Zeitraum zu beziehen (§ 4a Abs. 2 Nr. 2 EStG, § 7 Abs. 3 u. 4 KStG, § 14 S. 2 GewStG). Gewinnermittlungszeiträume, die kürzer als zwölf Monate sind (Rumpfwirtschaftsjahre), ergeben sich daher nur bei Aufnahme oder Aufgabe des Gewerbes oder der Umstellung des Wirtschaftsjahres von einem oder auf ein[272] vom Kalenderjahr abweichenden Zeitraum (§ 4a Abs. 1 Nr. 2 S. 2 EStG, § 7 Abs. 3 S. 3 KStG, § 14 S. 3 GewStG).

Hat ein Mutterunternehmen nach § 290 HGB einen Konzernabschluss aufzustellen und weicht der Stichtag des Einzelabschlusses eines einbezogenen Unternehmens von dem des Mutterunternehmens um mehr als drei Monate ab, so ist das zu konsolidierende Unternehmen auf der Grundlage eines Zwischenabschlusses in den Konzernabschluss einzubeziehen (Prinzip des konzerneinheitlichen Abschlussstichtages, § 299 Abs. 2 HGB). Der Gewinnermittlungszeitraum für diesen Zwischenabschluss entspricht dem des Konzernabschlusses und beträgt damit stets 12 Monate.[273] Für die Aufstellung solcher Zwischenabschlüsse bestehen keine besonderen Regelungen. Vielmehr haben sie die gleiche Qualität wie reguläre Abschlüsse aufzuweisen und sind ggf. entsprechend zu prüfen.[274] Ein Zwischenabschluss ergibt sich formell aus den Büchern und wird ordnungsgemäß unter Zuhilfenahme sonstiger Unterlagen an Hand statistischer Fortschreibungen *außerhalb* der lfd. Buchführung entwickelt.[275] Hierfür ist eine Vielzahl zusätzlicher Abgrenzungen erforderlich, bei denen nach h.M. auch realistische Schätzungen vertretbar sind.[276]

Wegen des oben aufgeführten Prinzips der ausschließlich jährlichen steuerrechtlichen Gewinnermittlung kann für kürzeren Berichtszeitraum des Zwischenabschlusses keine reguläre effektive Steuerermittlung vorliegen. Das HGB enthält für diese Fälle keine spezifische Regelung. In der Literatur werden zwei grundsätzliche Lösungsmöglichkeiten zur Berechnung angeführt: [277]

---

[272] Dies ist steuerlich nur wirksam, wenn die Umstellung im Einvernehmen mit dem Finanzamt vorgenommen wird (§ 4 Abs. 1 Nr. 2 S. 2 EStG).
[273] Vgl. WINKELJOHANN/LUST in: BECK BILKOMM. 2006, § 299 Rn. 11.
[274] Vgl. WP HB I 2006, M 144 unter Verweis auf § 317 Abs. 3 i.V.m. Abs. 1 HGB.
[275] Vgl. ADS, § 299 Rn. 34; WINKELJOHANN/LUST in: BECK BILKOMM. 2006, § 299 Rn. 12f.
[276] Vgl. ADS, § 299 Rn. 32; WINKELJOHANN/LUST in: BECK BILKOMM. 2006, § 299 Rn. 17.
[277] Vgl. ADS, § 299 Rn. 32, 34.

- Die Ermittlung der tatsächlichen Ertragsteuern kann für den Zwischenabschluss durch eine fiktive Veranlagung durchgeführt werden. Das Ergebnis des Zwischenabschluss-Berechnungszeitraums setzt sich aus einem Teilergebnis des letzten und einem Teilergebnis des neuen Einzelgeschäftsjahres zusammen. Voraussetzung ist, dass dieses fiktive Steuerergebnis auch tatsächlich der Besteuerung unterliegt.[278]

- Der effektive Ertragsteueraufwand wird gebildet aus dem zeitanteiligen tatsächlichen Steueraufwand für das erste Teilgeschäftsjahr (aus der Veranlagung bekannt oder durch Eigenberechnung vorläufig ermittelt; jedoch nur als Differenzbetrag, d.h. soweit im letzten Konzernabschluss noch nicht enthalten) und für das zweite Teilgeschäftsjahr wird der Ertragsteueraufwand nach Maßgabe des erwirtschafteten Ergebnisses geschätzt.[279]

Für die Berechnung von latenten Steuern in HGB-Zwischenabschlüssen ist auf die Regelungen des § 274 HGB zurückzugreifen, da für die Steuerabgrenzung keine Besonderheiten zu beachten sind.[280] Wurden die tatsächlichen und latenten Steuern für den Zwischenabschluss eines mit abweichendem Stichtag bilanzierenden Unternehmens wie oben dargestellt berechnet, ist bei der Einbeziehung in den Konzernabschluss für die Steuerabgrenzung § 306 HGB anzuwenden. Hierbei ergeben sich keine Abweichungen zum o.g. Vorgehen.[281]

6.3.2 Ertragsteuern in der HGB-orientierten Zwischenberichterstattung

Gemäß IAS-VO i.V.m. dem BilReG müssen kapitalmarktorientierte deutsche Unternehmen für Geschäftsjahre, die am oder nach dem 01.01.2005 beginnen, ihren Konzernabschluss nach IFRS aufstellen.[282] In diesen Fällen finden nur noch wenige Vorschriften des HGB auf den Konzernabschluss der Inlandsemittenten Anwendung (§ 315a Abs. 1 HGB).[283] Sämtliche Zwischenberichterstattungen sind dann ebenfalls

---

[278] Vgl. WP HB I 2006, M 149; Ablehnend hierzu WINKELJOHANN/LUST in: BECK BILKOMM. 2006, § 299 Rn. 16, da dies zu Ausweisfehlern der Steuern im KA führen kann.
[279] Vgl. WP HB I 2006, M 150.
[280] Vgl. WP HB I 2006, M 151; WINKELJOHANN/LUST in: BECK BILKOMM. 2006, § 299 Rn. 15.
[281] Vgl. Abschn. 3.2.
[282] Dies gilt auch für Unternehmen, die die Handelszulassung gem. § 2 Abs. 1 S. 1 i.V.m. § 2 Abs. 5 WpHG in Dtld. vor dem Bilanzstichtag beantragt haben (§ 315a Abs. 2 HGB). Des Weiteren gibt es auch die Möglichkeit für nicht-kapitalmarktorientierte Mutterunternehmen, freiwillig einen IFRS-KA aufzustellen (§ 315 Abs. 3 HGB).
[283] Vgl. BÖCKING in: BAETGE/KIRSCH/THIELE 2000, Aktuelles/Internationale Harmonisierung/B.I.5.

nach den IFRS-Standards vorzunehmen (IFRS 1.2(b) i.V.m. IAS 34).[284] Seit der Umsetzung der IAS-VO in deutsches Recht gibt es für eine Zwischenberichterstattung nach deutschem Handelsrecht praktisch keinen relevanten Anwenderkreis. Denkbar ist m.E. lediglich noch eine freiwillige HGB-Zwischenberichterstattung von nicht-kapitalmarktorientierten Unternehmen.[285] Dennoch lohnt ein Blick auf die Besonderheiten für deutsche Unternehmen, die letztlich eine Rechnungslegung nach § 315a Abs. 1 HGB ersetzend ausüben, aber „im ersten Schritt" unter § 290ff. HGB fallen.

Unter dem alten Börsenrecht (vor dem TUG) wurde durch DRS 6 Zwischenberichterstattung i.V.m. § 342 Abs. 2 HGB seit 2001 in Deutschland die Quartalsberichterstattung für Konzernabschlüsse aufstellende Unternehmen weiter konkretisiert.[286] Das Ziel des Standards besteht darin, regelmäßige, zeitnahe und verlässliche Informationen über die Vermögens-, Finanz- und Ertragslage eines Unternehmens und die künftige Entwicklung des Geschäftsjahres bereitzustellen (DRS 6.1). Der DRS 6 folgt faktisch dem kombinierten Ansatz bei der unterjährigen Erfolgsermittlung, denn er hat zwar grundsätzlich die Eigenständigkeit des Zwischenberichts im Blick, will gleichzeitig jedoch den Bezug zum Jahresabschluss herstellen (vgl. DRS 6.2).[287]

Die in DRS 6.25 geregelte Steuerabgrenzung folgt der integrativen Abgrenzung.[288] Es wird vorgegeben, dass Ertragsteuern in jedem Zwischenberichtszeitraum auf der Grundlage des voraussichtlichen Ertragsteuersatzes, der für das gesamte Geschäftsjahr erwartet wird (*annualized approach*), zu erfassen sind. Ändern sich im Folgequartal die Schätzungen bzgl. des erwarteten Steuersatzes, ist die Steuerabgrenzung ggf. anzupassen (*year-to-date*-Basis). Hieraus ergeben sich keine Widersprüche zu DRS 10.[289] Mit der Verabschiedung des TUG sieht sich das DRSC gehalten, den bisherigen DRS 6 grundlegend zu überarbeiten und hat zwischenzeitlich den E-DRS 16 verabschiedet.[290] Unter einem Berichtszeit-

---

[284] Vgl. auch E-DRS 16.8. Zu Unklarheiten der notwendigen IFRS-Anwendung im Rahmen der Zwischenberichterstattung beim Übergang zur IFRS-Bilanzierung vgl. BECK 2005.
[285] Vgl. Verweis in E-DRS 16.9 u. 72.
[286] Vgl. zum E-DRS 6: BUSSE VON COLBE 2000; COENENBERG 2005, S. 928;.KNORR 2001, S. 2ff.
[287] Vgl. COENENBERG 2005, S. 933.
[288] Vgl. ALVAREZ/WOTSCHOFSKY 2003, S. 120.
[289] Vgl. Abschn. 3.3.
[290] Urspr. Bezeichnung E-DRS 21 vom 17.11.2006. Gemäß E-DRS 16.8 gilt dieser Standard auch für KA nach § 315a Abs. 1 HGB, klammert jedoch die Regelungen der E-DRS 16.15-33 – und damit u.a. auch die Vorschriften zur Ertragsteuerabgrenzung in der Zwischenberichterstattung – ausdrücklich aus. Verbleiben für die Anwendung von E-DRS 16.24f. noch kapitalmarktorientierte

raum/einer Berichtsperiode für die Zwischenberichterstattung ist der Zeitraum vom Beginn des Geschäftsjahres bis zum Stichtag zu verstehen (E-DRS 16.10).[291] Der Standard hat die Bewertungsregelungen bzgl. Schätzungen und deren Änderung deutlich erweitert (E-DRS 16.27-30) und für die Steuerabgrenzung leicht präzisiert. In jeder Berichtsperiode sind die Ertragsteuern gem. E-DRS 16.24 S. 1 auf der Grundlage der [jeweils] besten Schätzung des gewichteten durchschnittlichen jährlichen Ertragsteuersatzes, der für das Geschäftsjahr erwartet wird, zu erfassen. Dies entspricht soweit dem Wortlaut IAS 34.30(c) und folgt unverändert dem integrativen Ansatz. Der so ermittelte Steuersatz ist anschließend *auf das Vorsteuerergebnis* des Zwischenabschlusses anzuwenden (E-DRS 16.24 S. 2). Damit folgt das DRSC dem GuV-orientierten Timing-Konzept und lässt die Elemente, die nach DRS 10 dem Temporary-Konzept entsprechen, völlig außen vor. Leider ist nicht ersichtlich, wie bspw. die aktiven latenten Steuern auf Verlustvorträge zu behandeln sind und auch über erfolgsneutrale Buchungsvorgänge ist nichts zu erfahren.[292]

Alternativ können die Ertragsteuern auch auf Basis genauerer Schätzungen und Methoden berechnet werden. (E-DRS 16.25) Der Standardsetter lässt offen, um welche Methoden der unterjährigen Steuerabgrenzung es sich dabei handeln soll. Wie „genauere Schätzungen" von Ertragsteuern praktiziert werden sollen, ist ebenfalls nicht zu erfahren. Hier hilft auch ein tieferer Blick in die Vorschriften des DRS 13.17-21 zu Schätzungen nicht viel weiter. Folglich kann alternativ auf die Ausführungen in IAS 34.30(c) i.V.m. IAS 34.B12-16 zurückgegriffen werden.[293] Im zum Zwischenabschluss aufzustellenden verkürzten Anhang (E-DRS 16.31-33) ist dann die gewählte Ermittlungsmethode zu beschreiben (E-DRS 16.26).

Wie schon der DRS 6 kombiniert E-DRS 16 die postulierte eigenständige Sichtweise des Zwischenberichtes mit integrativen Elementen[294]und birgt damit m.E. eine grundsätzliche Quelle der Verfälschung des unterjährigen Steueraufwandes in sich. Zusammenfassend lässt sich feststellen, dass mit dem E-DRS 16 i.V.m. DRS 10 bezüglich der Ertragsteuern keine deutschen Rechnungslegungsstandards vorliegen, die Lösungswege bei der Ermittlung der Steuerabgrenzung in Zwischenabschlüssen

Einzelunternehmen und freiwillige Zwischenberichterstatter, vgl. E-DRS 16.9. Beide Fälle dürften in der Praxis kaum von Relevanz sein; vgl. MÜLLER/STUTE 2006, S. 2804.

[291] D.h. das zweite, dritte oder vierte Quartal eines GJ sind isoliert nicht zu betrachten.

[292] Letzteres könnte auch bewusst unterlassen worden sein, da bisher weder das HGB (voraussichtlich auch nicht nach dem BilMoG) noch DRS 10 die erfolgsneutrale Steuerabgrenzung kennen.

[293] Vgl. WIECHERS 2007, S. 271f.

[294] In DRS 6.2 und E-DRS 16.21; vgl. KNORR 2001, S. 2.

aufzeigen. Das in E-DRS 16.1 artikulierte Ziel, unterjährig entscheidungsnützliche Informationen zu geben, wird diesbezüglich nicht gefördert. Der methodische Ansatz des E-DRS 16.24 wird auch für die Anwendung des IAS 12 in Zwischenabschlüssen nach IAS 34 keine zusätzliche Erhellung liefern können.

6.4 Ertragsteuern in der Zwischenberichterstattung nach IFRS

6.4.1 Konzept der Zwischenberichterstattung nach IAS 34

Das IASC Board hat im Februar 1998 den IAS 34 Zwischenberichterstattung (*Interim financial reporting*) herausgegeben, der seitdem keine wesentlichen Änderungen erfahren hat und dessen Überarbeitung auch in naher Zukunft nicht vorgesehen ist.[295] Das Ziel dieses Standards ist es, den Mindestinhalt eines Zwischenberichts sowie die Grundsätze für die Erfassung und Bewertung in einem vollständigen oder verkürzten Abschluss für eine Zwischenberichtsperiode vorzuschreiben. Durch eine rechtzeitige und verlässliche Zwischenberichterstattung soll es den Stakeholdern ermöglicht werden, die Vermögens- und Liquiditätslage eines Unternehmens sowie dessen Fähigkeit, Erträge und Cashflows zu generieren, besser zu beurteilen (IAS 34 *Objective*). Der Standard regelt nicht, ob, wie oft und wie schnell Unternehmen eine Zwischenberichterstattung vorzunehmen haben oder diese zu veröffentlichen ist (IAS 34.1). Hierzu wird auf die landesrechtlichen Vorschriften und das dortige Börsenrecht verwiesen. Mit dem Standard werden jedoch Mindestinhalte einer IFRS-Zwischenberichterstattung definiert und zahlreiche Empfehlungen ausgesprochen. So wird explizit empfohlen, für das erste Halbjahr des Geschäftsjahres einen Zwischenbericht anzufertigen und diesen nach spätestens 60 Tagen zu veröffentlichen (IAS 34.1).

Den Unternehmen steht es grundsätzlich frei, von den Erleichterungen des IAS 34 keinen Gebrauch zu machen und stattdessen einen vollständigen Zwischenabschluss, d.h. unter Anwendung aller anderen IAS/IFRS-Standards für den Jahresabschluss, aufzustellen (IAS 34.9).[296] Wird ein Zwischenbericht nach den Anforderungen des IAS 34 aufgestellt, sind ebenfalls alle einschlägigen Standards (IAS/IFRS) und Interpretationen (SIC/IFRIC) anzuwenden, was explizit anzugeben ist (IAS 34.19). Wurde zum letzten Stichtag ein Konzernabschluss aufgestellt, ist in der Zwischenberichterstattung ebenfalls auf konsolidierter Basis zu berichten. Der

[295] Vgl. IFRS-HB 2007, Rn. 4807.
[296] Vgl. HEBESTREIT in: BECK IFRS-HB 2006, § 42 Rn. 9; KPMG 2004, S.167. Dies steht auch im Einklang mit § 37w WpHG zum Halbjahresfinanzbericht deutscher Emittenten.

Einzelabschluss des Mutterunternehmens kann zusätzlich in den Zwischenbericht aufgenommen werden (IAS 34.14).[297] Ein verkürzter Zwischenbericht hat gem. IAS 34.8 folgende Mindestbestandteile:

- eine verkürzte Bilanz (*condensed balance sheet*),
- eine verkürzte Gewinn- und Verlustrechung (*condensed income statement*),
- eine verkürzte Darstellung aller Veränderungen des Eigenkapitals oder der Veränderungen des Eigenkapitals, die nicht aus Kapitaltransaktionen mit den Gesellschaftern und Ausschüttungen an die Gesellschafter resultieren (*capital transactions with owners and distributions to owners*),
- eine verkürzte Kapitalflussrechnung (*condensed cash flow statement*) und
- ausgewählte erläuternde Anhangsangaben (*selected explanatory notes*).

Damit entsprechen die Bestandteile - in verkürzter Form - dem Jahresabschluss nach IAS 1.[298] In der Zwischenberichterstattung sind mindestens die Überschriften und Zwischensummen (*headings and subtotals*) des letzten IFRS-Jahresabschlusses sowie die Mindestanhangsangaben des IAS 34.16 wiederzugeben.[299] Soweit für das Verständnis erforderlich sind zusätzliche Posten und Anhangsangaben einzubeziehen (IAS 34.10). Es ist dem berichtenden Unternehmen jedoch erlaubt, die Darstellungen tiefer zu gliedern oder weitere Anhangsangaben zu veröffentlichen (IAS 34.7).[300]

Der Grundsatz der Wesentlichkeit (*materiality*) spielt für Ansatz, Ausweis und Bewertung sowie die Anhangsangaben in der Zwischenberichterstattung eine besondere Rolle. An die Exaktheit und Endgültigkeit der Daten sind generell geringere Anforderungen zu stellen als beim Jahresabschluss.[301] Bei der Einschätzung der Wesentlichkeit ist das Verhältnis zu anderen Daten des Zwischenberichts (*interim period financial data*) zu beachten. Klare quantitative Vorgaben erfolgen jedoch nicht (IAS 34.23 i.V.m. IAS 1 u. IAS 8). Für eine bessere Vergleichbarkeit ist der Bilanz zum Ende der Zwischenberichtsperiode die Bilanz

---

[297] Sollte ein Inlandsemittent einen IFRS-Einzelabschluss gem. § 325 Abs. 2a HGB veröffentlichen, ist gem. § 37w Abs. 3 S.2 WpHG i.V.m. § 315a Abs. 1 HGB für die Halbjahresfinanzberichterstattung ebenfalls nach IFRS zu publizieren, d.h. IAS 34 kommt zur Anwendung, vgl. IFRS-HB 2007, Rn. 4802; analog geltend für evtl. US-GAAP-Berichtungen.
[298] Vgl. BAETGE/BRUNS/ROLVERING in: BAETGE IFRS-KOMM., IAS 34, Rn. 16.
[299] Mindestgliederungsschemata sind u.a. zu finden bei ALVAREZ/WOTSCHOFSKY 2003, S. 62, 64, 66 u. 67 und bei COENENBERG 2005, S. 937.
[300] Vgl. BAETGE/BRUNS/ROLVERING in: BAETGE IFRS-KOMM., IAS 34, Rn. 17; PEEMÖLLER in: WILEY IFRS-KOMM. 2007, Abschn. 19, Rn. 16.
[301] Vgl. HOFFMANN/LEIBFRIED, in: HAUFE IFRS-KOMM. 2007, § 37, Rn. 5-7.

des vorangegangenen Geschäftsjahres gegenüberzustellen (vergleichender Zwischenabschluss).[302] Im Vergleich zur Gewinn- und Verlustrechnung, Kapitalflussrechnung und Eigenkapitalveränderungsrechnung der Zwischenberichtsperiode sind zeitraumgleiche Darstellungen des vorangegangenen Geschäftsjahres wiederzugeben (IAS 34.20; Appendix A zu IAS 34).[303]

In einem Zwischenbericht sind für Ansatz und Bewertung die gleichen Rechnungslegungsgrundsätze zu verwenden wie für den [letzten und nächsten] Jahresabschluss. Damit hat sich das IASB in erster Linie für den diskreten Ansatz als Methode der unterjährigen Erfolgsermittlung entschieden.[304] Ausnahmen ergeben sich nur, wenn nach dem letzten Abschlussstichtag Bilanzierungs- und Bewertungsmethoden geändert wurden und diese auch am nächsten Abschlussstichtag zur Anwendung kommen sollen (Stetigkeit nach IAS 34.28). Die Frequenz der Berichterstattung darf sich grundsätzlich nicht auf das Jahresergebnis auswirken.[305] Daher sind stets kumulierte Zwischenberichtsperioden (beginnend am letzten Jahresabschlusstichtag) zu bewerten. Nur für wenige Sachverhalte ist eine Darstellung der unterjährigen Periode als unabhängiger Berichtszeitraum (*independing reporting period*) und damit ein Rückgriff auf integrative Abgrenzungsmethoden vorgesehen (IAS 34.29; Appendix B zu IAS 34). So sind Erlöse und Kosten aus der gewöhnlichen Geschäftstätigkeit, die dem Unternehmen saisonal, konjunkturell bedingt oder gelegentlich innerhalb des Geschäftsjahres zufließen bzw. entstehen, in der Zwischenberichtsperiode nicht zu antizipieren oder abzugrenzen (*not to be anticipated or deffered*), wenn die Vorwegnahme oder Abgrenzung auch nicht am Ende des Geschäftsjahres durchgeführt werden würde (IAS 34.37 u. 39).[306] In der Literatur wird auch die Behandlung der Ertragsteuern nach IAS 34.30(c) als typisches Bsp. für ein integratives Element angeführt, was im

---

[302] PEEMÖLLER in: WILEY IFRS-KOMM. 2007, Abschn. 19, Rn. 22f.
[303] Bei der GuV sind bei Quartalsberichterstattungen außerdem die Einzelquartale gegenüberzustellen, vgl. Appendix A2 zu IAS 34 und HEBESTREIT in: Beck IFRS-HB 2006, § 42 Rn. 12f. Durch die einzelquartals- und die kumulierte Quartalsdarstellung ergibt sich eine *doppelte Wesentlichkeit*; vgl. HEBESTREIT in: BECK IFRS-HB 2006, § 42 Rn. 48.
[304] Vgl. COENENBERG 2005, S. 939; PEEMÖLLER in: WILEY IFRS-KOMM. 2007, Abschn. 19, Rn. 25.
[305] Eine spektakuläre Ausnahme zu dieser Systematik hat das IFRIC mit dem ab 1. November 2006 anzuwendenden IFRIC 10 - *Zwischenberichterstattung und Wertminderung* selbst geschaffen. Danach darf ein Unternehmen einen in einem früheren Berichtszeitraum erfassten Wertminderungsaufwand für den Geschäfts- oder Firmenwert, für gehaltene Eigenkapitalinstrumente oder Vermögenswerte, die zu Anschaffungskosten bilanziert werden, nicht wieder rückgängig machen. Insoweit kommen Unternehmen, die eine Zwischenberichterstattung publizieren zu einem anderen Bilanzausweis/ Jahresergebnis als ausschließlich jährlich berichtende Unternehmen. Dass dieses „methodische Opfer" zu verbesserten entscheidungsnützlichen Informationen beiträgt, darf m.E. bezweifelt werden.
[306] Vgl. KPMG 2004, S. 170.

nächsten Abschnitt diskutiert werden soll.[307] IAS 34 stellt somit keinen reinen eigenständigen Ansatz sondern einen diskreten mit wenigen integrativen Elementen dar und wendet damit letztlich eine kombinierte Methode an.[308]

Schätzungen haben in der Zwischenberichterstattung eine höhere Bedeutung als im Jahresabschluss (IAS 34.23). Daher ist die häufigere Anwendung von Schätzmethoden ausdrücklich erlaubt (IAS 34.41 u. Bsp. in Appendix C zu IAS 34). Auch wenn sich in einer Zwischenberichtsperiode Änderungen von Schätzungen und Beträgen ggü. einer vorherigen Zwischenberichtsperiode ergeben, sind die Bilanzierungsgrundsätze für den Jahresabschluss zu Grunde zu legen. Insoweit kommt es zu unterjährigen Anpassungen (vgl. Bsp. in IAS 34.30), die Vorschriften des IAS 8.32ff. zur Änderung von Schätzungen sind zu beachten. Die Auswirkungen der unterjährigen Änderungen von Schätzungen werden in der Periode der Änderung erfolgswirksam erfasst. Bei Zukunftsrelevanz ist prospektiv anzupassen (IAS 8.36f.). Über wesentliche Auswirkungen von Schätzungsänderungen ist gem. IAS 34.16(d) zu berichten.[309]

6.4.2 Grundsätzliches zu Ertragsteuern in der IFRS-Zwischenberichterstattung

Die Behandlung von Ertragsteuern in der Zwischenberichterstattung ist vom Standardsetter in IAS 34.30(c) mit ganzen zwei Sätzen bedacht worden: „Ertragsteueraufwand wird in jeder Zwischenberichtsperiode auf der Grundlage der besten Schätzung des gewichteten durchschnittlichen jährlichen Ertragsteuersatzes erfasst, der für das gesamte Geschäftsjahr erwartet wird. Beträge, die für den Ertragsteueraufwand in einer Zwischenberichtsperiode abgegrenzt wurden, werden gegebenenfalls in einer nachfolgenden Zwischenberichtsperiode des Geschäftsjahres angepasst, wenn sich die Schätzung des jährlichen Ertragsteuersatzes ändert.“ Diese Vorschrift findet sich bei den Grundsätzen der Erfassung und Bewertung unter der Zwischenüberschrift „Gleiche Bilanzierungs- und Bewertungsmethoden wie im jährlichen Abschluss“ und stellt aber gerade eines der integrativen Elemente als Ausnahme von der primär eigenständigen Erfolgsermittlungsmethodik des IAS 34 dar.[310] Der o.g. Grundsatz wird an den Beispielen des Appendix B (IAS 34.B12-B22)

---

[307] Vgl. bspw. Hebestreit in: Beck IFRS-HB 2006, § 42 Rn. 45; Hoffmann/Leibfried, in: Haufe IFRS-Komm. 2007, § 37, Rn. 23.
[308] Peemöller in: Wiley IFRS-Komm. 2007, Abschn. 19, Rn. 25; Hoffmann/Leibfried, in: Haufe IFRS-Komm. 2007, § 37, Rn. 23; a.A. Baetge/Bruns/Rolvering in: Baetge IFRS-Komm., IAS 34, Rn. 95; Hebestreit in: Beck IFRS-HB 2006, § 42 Rn. 45.
[309] Vgl. IFRS-HB 2007, Rn. 861, 4837.
[310] Vgl. Hebestreit in: Beck IFRS-HB 2006, § 42 Rn. 45; Ernsting 2000, S. 2537.

und in einem Beispiel zur Verwendung von Schätzungen des Appendix C (IAS 34.C5) bezüglich seiner Anwendung näher ausgeführt. Aus den o.g. drei Stellen des IAS 34 lassen sich zunächst die folgenden Grundsätze ableiten.

Eine Zwischenberichtsperiode (Monat, Quartal, Halbjahr) ist für Zwecke der Ertragsteuerberechnung als integrierter Bestandteil eines Gesamtjahres, d.h. eines (Kalender-) Jahres als Besteuerungsabschnitt zu betrachten. Daher können Steuern für eine Zwischenberichtsperiode nicht so ermittelt werden, als wenn es sich um eine unabhängige Periode handeln würde. Folglich ist weder ein Bilanzvergleich nach IAS 12.15 (*carrying amount of an asset or liability in the balance sheet* vs. *its tax base*) zur Ermittlung der latenten Steuern zum Stichtag des Zwischenberichtes noch die Ermittlung der tatsächlichen Steuern auf Basis des Ist-Ergebnisses der Zwischenberichtsperiode zulässig.[311] Dies ergibt sich aus der Formulierung in IAS 34.30(c), dass der für das Gesamtjahr (*full financial year*) erwartete Steuersatz[312] Anwendung finden soll.

In IAS 34.B12f. wird dieser Gedanke wiederholt und aus dem Konzept des IAS 34.28 abgeleitet, welches besagt, dass die gleichen Erfassungs- und Bewertungsmethoden in einem Zwischenbericht anzuwenden sind, die auch im Jahresabschluss angewendet werden. Auf das [weltweit übliche] Prinzip der Festsetzung von Ertragsteuern als Jahressteuer wird in IAS 34.B12 u. B17 indirekt hingewiesen. Für die Berechnung ist ein geschätzter gewichteter durchschnittlicher jährlicher (effektiver) Ertragsteuersatz zu benutzen (*the best estimate of the weighted average annual income tax rate expected for the full financial year* bzw. *estimated average annual effective income tax rate* - IAS 34.30(c) u. B13).[313]

Im Bsp. der Tabelle 1 wird ein erwarteter Steuersatz von 30 % verwendet, das Unternehmen erzielt in allen vier Quartalen gleichhohe Vorsteuerergebnisse von 10.000 GE. In jedem Quartal fallen Steuern von 3.000 GE an, die Steuerquote ist in den einzelnen Quartalen und kumulierten Zeiträumen stets gleich 30 %.

---

[311] Vgl. LOITZ 2006, S. 389.

[312] Die Begriffe (Konzern-)Steuersatz, (Konzern-)Steuerquote, Ertragsteuersatz, Ertragsteuerquote, (effective) income tax rate werden in der Literatur weitestgehend synonym verwendet.

[313] Zur Herleitung dieses Steuersatzes vgl. den nachfolgenden Abschnitt.

	Q1	Q2	**kum. Q1-Q2**	Q3	**kum. Q1-Q3**	Q4	**Jahr**
Ergebnis vor Ertragsteuern	**10.000**	10.000	**20.000**	10.000	**30.000**	10.000	**40.000**
Steueraufwand	**3.000**	3.000	**6.000**	3.000	**9.000**	3.000	**12.000**
Steuerquote	**30 %**	30 %	**30 %**	30 %	**30 %**	30 %	**30 %**

Tabelle 1: Unterjährige Steuerbelastung bei gleich hohen Vorsteuerergebnissen[314]

Das Bsp. in Tabelle 2 zeigt die Entwicklung bei voneinander abweichenden Quartalsergebnissen. In den einzelnen Quartal fallen Steuern i.H.v. 2.400-3.600 GE an, die Steuerquote ist in den einzelnen Quartalen und kumulierten Zeiträumen jedoch stets gleich 30 %.

	Q1	Q2	**kum. Q1-Q2**	Q3	**kum. Q1-Q3**	Q4	**Jahr**
Ergebnis vor Ertragsteuern	**10.000**	12.000	**22.000**	8.000	**30.000**	10.000	**40.000**
Steueraufwand	**3.000**	3.600	**6.600**	2.400	**9.000**	3.000	**12.000**
Steuerquote	**30 %**	30 %	**30 %**	30 %	**30 %**	30 %	**30 %**

Tabelle 2: Unterjährige Steuerbelastung bei unterschiedlichen Vorsteuerergebnissen

Kommen nach dem lokalen Steuerrecht für verschiedene Kategorien von Erträgen auch verschiedene Ertragsteuersätze zu Anwendung, sind hierfür gesonderte erwartete Steuersätze zu berechnen bzw. alternativ ein gewichteter Durchschnitt zu verwenden (IAS 34.B14). Ähnliches gilt für Staffel- bzw. Stufentarife.

Das Bsp. in Tabelle 3 zeigt den in IAS 34.B15 dargestellten Fall abgewandelt auf die Ertragslage in Tabelle 2, der auf einem jährlichen Steuersatz von 20 % auf die ersten 20.000 GE und 30 % auf alle zusätzlichen zu versteuernden Erträge basiert. Bezogen auf das erwartete Vorsteuerergebnis von 40.000 GE wurde ein erwarteter Steuersatz von 25 % ermittelt (20.000 GE * 20 % + 20.000 GE * 30 % = 10.000 GE Steuern).

	Q1	Q2	**kum. Q1-Q2**	Q3	**kum. Q1-Q3**	Q4	**Jahr**
Ergebnis vor Ertragsteuern	**10.000**	12.000	**22.000**	8.000	**30.000**	10.000	**40.000**
Steueraufwand	**2.500**	3.000	**5.500**	2.000	**7.500**	2.500	**10.000**
Steuerquote	**25 %**	*25 %*	**25 %**	*25 %*	**25 %**	*25 %*	**25 %**

Tabelle 3: Unterjährige Steuerbelastung bei unterschiedlichen Vorsteuerergebnissen und gestaffelten Steuersätzen

[314] In den folgenden Beispielberechnungen soll zur begrifflichen Vereinfachung stets das Quartal als die übliche Zwischenberichtsperiode eines Unternehmens genutzt werden.

In den einzelnen Quartal fallen Steuern i.H.v. 2.000-3.000 GE an, die Steuerquote ist in den einzelnen Quartalen und kumulierten Zeiträumen jedoch stets gleich 25 %.

In Tabelle 4 soll analog IAS 34.B16 gezeigt werden, wie sich unterjährige Verluste auf den Steueraufwand auswirken. Hier wird unterstellt, dass das positive Ergebnis des ersten Quartals durch negative Ergebnisse in den Folgequartalen im Geschäftsjahr auf Null enden, d.h. ausgeglichen sein wird. Der erwartete Steuersatz beträgt 30 % und der erwartete Steueraufwand Null.

	Q1	Q2	**kum. Q1-Q2**	Q3	**kum. Q1-Q3**	Q4	**Jahr**
Ergebnis vor Ertragsteuern	**30.000**	(10.000)	**20.000**	(10.000)	**10.000**	(10.000)	**0**
Steueraufwand	**9.000**	(3.000)	**6.000**	(3.000)	**(3.000)**	(3.000)	**0**
Steuerquote	**30 %**	30 %	**30 %**	30 %	**30 %**	30 %	**0 %**

Tabelle 4: Unterjährige Steuerbelastung bei negativen Quartalsergebnissen- und einem ausgeglichenen Jahresergebnis nach IAS 34.B16

Diese Lösung wird von HEBESTREIT abgelehnt, der bei einem ausgeglichenen Ergebnis vor Steuern und damit einem effektiven Steuersatz von Null den Ansatz von Ertragsteuern als unberechtigt ansieht.[315] Folglich sind in den Quartalen mit wechselnden Vorzeichen der Zwischenvorsteuerergebnisse keine Steuern anzusetzen. In Tabelle 4 würden somit unterjährig fiktive Ertragsteuern gezeigt werden.

Tabelle 5 zeigt die Lösung, die konsequent auf die erwarteten Ertragsteuern des Geschäftsjahres abstellt, jedoch unterjährig nicht über den Steuersatz geht. Im Ergebnis steht dies im Einklang mit IAS 34.30(c), weil auch hier der erwartete Steueraufwand (von Null) gleichmäßig über die Quartale verteilt wird.

	Q1	Q2	**kum. Q1-Q2**	Q3	**kum. Q1-Q3**	Q4	**Jahr**
Ergebnis vor Ertragsteuern	**30.000**	(10.000)	**20.000**	(10.000)	**10.000**	(10.000)	**0**
Steueraufwand	**0**	0	**0**	0	**0**	0	**0**
Steuerquote	**0 %**	0 %	**0 %**	0 %	**0 %**	0 %	**0 %**

Tabelle 5: Unterjährige Steuerbelastung bei negativen Quartalsergebnissen- und einem ausgeglichenen Jahresergebnis nach HEBESTREIT

Interessant ist auch der Fall in Tabelle 6, dass das erwartete Vorsteuerjahresergebnis negativ sein wird. In Abhängigkeit vom lokalem Ertragsteuerrecht kann es zu einem Verlustrücktrag kommen, der als Vorteil (Vermögenswert sowie Verminderung des Steueraufwandes/Erhöhung des Steuerertrages) gem. IAS 12.34 i.V.m. IAS 34.B20

[315] Vgl. HEBESTREIT, in: BECK IFRS-HB 2006, § 42 Rn. 71.

in dem Quartal der Entstehung zu erfassen ist. Es wird im Bsp. eine Verlustrücktragsmöglichkeit und –nutzbarkeit in voller Höhe unterstellt. Der erwartete steuerliche Verlust von 20.000 GE führt durch den Verlustrücktrag zu einem Vermögenswert (Forderung aus Steuererstattungsanspruch für das Vorjahr) i.H.v. 6.000 GE, der in der GuV in gleicher Höhe als Steuerertrag zu finden ist. Auch hier ist die Steuerquote von 30 % in den Quartalen stets gleich. Würde der Verlustrücktrag nur für einen Teil der Steuerlast gelten (bspw. mit 15 % für die KSt und mit null für die GewSt), würde man m.E. zum gleichen Ergebnis kommen, wenn ein Verlustvortragsmöglichkeit bei der GewSt besteht.[316] Denn für die anteiligen 3.000 GE Steuerertrag wären in gleicher Höhe - bei unterstellter künftiger Nutzungsfähigkeit - aktive latente Steuern gem. IAS 12.34 zu bilanzieren. Auch dieser Effekt wäre im erwarteten Steuersatz von 30 % bereits abgebildet, was der Systematik in IAS 34.B22 entspricht.

	Q1	Q2	**kum. Q1-Q2**	Q3	**kum. Q1-Q3**	Q4	**Jahr**
Ergebnis vor Ertragsteuern	**30.000**	(10.000)	**20.000**	(30.000)	**(10.000)**	(10.000)	**(20.000)**
Steueraufwand	**9.000**	(3.000)	**6.000**	(9.000)	**(3.000)**	(3.000)	**(6.000)**
Steuerquote	**30 %**	30 %	**30 %**	30 %	**30 %**	30 %	**30 %**

Tabelle 6: Unterjährige Steuerbelastung bei negativen Jahresergebnis und Verlustrücktragsmöglichkeit

Das Bsp. nach IAS 34.B22 in Tabelle 7 zeigt den Fall, dass keine Verlustrücktragsmöglichkeit, sondern nur die Verlustvortragsmöglichkeit gegeben ist. Der unterjährige kumulierte Verlust (im Q3 von 30.000 GE) ist dabei höher als der für das Gesamtjahr erwartete Verlust von 20.000 GE. Am Ende des 3. Quartals werden 9.000 GE aktive latente Steuern für einen künftig nutzbaren steuerlichen Verlustvortrag ausgewiesen, denn auf Grund erwarteter positiver Steuerergebnisse in den Folgejahren wäre die Voraussetzungen des IAS 12.34 zum Ansatz eines Vermögenswertes erfüllt. Das am Ende des Geschäftsjahres tatsächlich ein Vermögenswert geringerer Höhe (6.000 GE) für den dann noch verbliebenen Verlust(-vortrag) anfallen wird, ist gemäß der Systematik des IAS 34.30(c) unterjährig nicht relevant.

---

[316] Die Folgeproblematik der dt. Mindestbesteuerung soll hier unberücksichtigt bleiben. Diese führt nicht zu geringeren Wertansätzen bei den aktiven latenten Steuern für Verlustvorträge, sondern lediglich zu zeitlichen Verschiebungen bei der künftigen Nutzung. Auch der Verlustrücktrag – und damit der zu bilanzierende Vermögenswert hierfür – kann nur in der tatsächlich nutzbaren Höhe der vorangegangenen Steuerperiode erfolgen.

	Q1	Q2	**kum. Q1-Q2**	Q3	**kum. Q1-Q3**	Q4	**Jahr**
Ergebnis vor Ertragsteuern	**30.000**	(10.000)	**20.000**	(50.000)	**(30.000)**	10.000	**(20.000)**
Steueraufwand	**9.000**	(3.000)	**6.000**	(15.000)	**(9.000)**	3.000	**(6.000)**
Steuerquote	**30 %**	30 %	**30 %**	30 %	**30 %**	30 %	**30 %**

Tabelle 7: Unterjährige Steuerbelastung bei negativen Jahresergebnis und Verlustvortragsmöglichkeit

Im Ergebnis wird in der Zwischenberichterstattung ein anteiliger Vermögenswert von 3.000 GE gezeigt und korrespondierend Steuerertrag in der GuV angesetzt, der nach unternehmenseigener Erwartung am Bilanzstichtag in dieser Höhe nicht werthaltig sein wird und daher wieder durch Steueraufwandsbuchung gemindert werden muss.

Dem könnte alternativ die „Kappungslösung" in Tabelle 8 entgegengehalten werden.

	Q1	Q2	**kum. Q1-Q2**	Q3	**kum. Q1-Q3**	Q4	**Jahr**
Ergebnis vor Ertragsteuern	**30.000**	(10.000)	**20.000**	(50.000)	**(30.000)**	10.000	**(20.000)**
Steueraufwand	**9.000**	(3.000)	**6.000**	*(12.000)*	***(6.000)***	0	**(6.000)**
Steuerquote	**30 %**	30 %	**30 %**	*24 %*	***20 %***	0	**30 %**

Tabelle 8: Unterjährige Steuerbelastung bei negativem Jahresergebnis und Verlustvortragsmöglichkeit mit unterjähriger „Kappung des Tax assets"

Diese Lösung würde dem „Vorsichtsprinzip" des IAS 12.34 bei der Beurteilung der Wahrscheinlichkeit der künftigen Verlustvortragsnutzung stärker entsprechen und m.E. auch eher einer integrativen Lösung in der Zwischenberichtsperiode. Sie bringt jedoch erhebliche Ausschläge in der Steuerquote mit sich (hier in Q3 und Q4) und ist nach dem Konzept des IAS 34 wohl zu verwerfen.

Der Text des Standards hilft bei der Frage der Abbildung eines unterjährigen Entstehens von steuerlichen Verlustvorträgen nicht viel weiter, da mit den Bsp. im Annex B nur Fälle angeführt werden, in denen am Ende des Geschäftsjahres ein ausgeglichenes Ergebnis – und eben kein vortragsfähiger Verlust – übrig bleibt oder ein Verlust des Vorjahres nicht als aktive latente Steuer (tax asset) berücksichtigt worden ist. Alle Fragen sollen vielmehr ausschließlich über den geschätzten gewichteten durchschnittlichen jährlichen (effektiven) Ertragsteuersatz gelöst werden. Wie unten noch gezeigt wird, ist dies leider nicht immer möglich.

Damit wird m.E. die äußerst interessante Frage der Behandlung von latenten Steuern in der Zwischenberichterstattung vom Standardsetter in IAS 34 nahezu vollständig umgangen. Nur durch Interpretation und Auslegung von IAS 12 und IAS 34 bzw. deren (mögliches/gewolltes ?) Zusammenspiel können plausible Konzepte zur Umsetzung abgeleitet werden. Die Literaturlage hierzu ist äußerst spärlich und beginnt gerade erst, sich zu entwickeln.[317] Hierin liegt wohl auch die Ursache der vielen offenen Fragen bezüglich der korrekten latenten Steuerabgrenzung in Zwischenberichtsperioden und die Vielfalt der Bewältigungsversuche in der Bilanzierungspraxis.

6.4.3 Ermittlung des erwarteten Ertragsteuersatzes

Dem geschätzten gewichteten durchschnittlichen jährlichen (effektiven) Ertragsteuersatz kommt bei der Frage der Steuerabgrenzung in Zwischenberichtsperioden die entscheidende Bedeutung zu. In IAS 34.30(c) wird vom Ertragsteueraufwand *(income tax expense)* gesprochen. Nach IAS 12.5 setzt sich dieser aus den tatsächlichen Steuern und aus den latenten Steuern zusammen. Folglich wäre IAS 34.30(c) auch auf die tatsächlichen und die latenten Steuern, d.h. auf das zu versteuernde Ergebnis anzuwenden.[318] Somit ist dieser (kombinierte) Ertragsteuersatz grundsätzlich der Bewertung der tatsächlichen und der latenten Steuern zu Grunde zu legen.[319]

Der tatsächliche und der latente Steuersatz sind normalerweise gleich. Nur bei einer gesetzlichen Steuersatzänderung, die nicht auf den Beginn des Steuer- bzw. Geschäftsjahres zurückwirkt, kommt es zu Abweichungen. Denn während der bisherige Steuersatz noch auf das zu versteuernde Ergebnis des laufenden Jahres anzuwenden ist, ist kommt für die sich künftig (ab Beginn des folgenden Steuerjahres, in dem der geänderte Steuersatz erstmals gelten wird) umkehrenden Differenzen aus der Steuerabgrenzung bereits der geänderte Steuersatz zur Anwendung (IAS 12.48).[320]

---

[317] Vgl. LOITZ 2006, S. 388. Auch ist in den einschlägigen IFRS-Kommentaren bisher nur sehr wenig hierzu zu lesen. Mit dem UntStRefG 2008, der darin verankerten Steuersatzänderung und den daraus folgenden Auswirkungen auf die unterjährige Steuerabgrenzung kommt erfreulicherweise Bewegung in die fachliche Diskussion; siehe Literaturverzeichnis im Anhang.

[318] Vgl. LOITZ 2006, S. 389.

[319] Vgl. DAHLKE 2007, S. 1832.

[320] Vgl. die Darstellung zum geänderten Steuersatz durch das UntStRefG 2008 in Abschn. 7.2.

Der durchschnittliche effektive Steuersatz ist gem. IAS 12.86 der Steueraufwand (Steuerertrag), geteilt durch das handelsrechtliche Ergebnis [vor Ertragsteuern]. Wird also der Steueraufwand in der GuV durch das Vorsteuerergebnis dividiert, ergibt sich eine Steuerquote. In der steuerlichen Überleitungsrechnung gem. IAS 12.81(c) wird vom erwarteten Steueraufwand (Vorsteuerergebnis multipliziert mit dem Steuersatz des Mutterunternehmens/dem Konzernsteuersatz) zum effektiven Steuersatz übergeleitet. Hierbei sind zu berücksichtigen:[321]

- Auswirkungen von Steuersatzabweichungen (bei lokal unterschiedlichen Sätzen),
- Auswirkungen von Steuersatzänderungen,
- Auswirkungen der Abweichungen in der Bemessungsgrundlage (z.B. steuerfreie Erträge, nichtabzugsfähige Betriebsausgaben)
- nicht anrechenbare/nicht abzugsfähige ausländische Quellensteuern,
- Auswirkungen von Wertberichtigungen auf aktive latente Steuern (auf Verlust- und Zinsvorträge sowie abziehbare temporäre Differenzen) und
- aperiodische Steuerbeträge, die auf permanente Effekte entfallen.

Die quartalsweise Anwendung eines so ermittelten durchschnittlichen effektiven Steuersatzes führt zur gewünschten Glättung des Ertragsteueraufwandes über den Verlauf des Geschäftsjahres. Lediglich wenn (wie in Tabelle 4/IAS 34.B16) ein ausgeglichenes Vorsteuerjahresergebnis erwartet wird, ergibt sich – wegen der mathematischen Division durch Null – keine sinnvolle Lösung. So schlägt HEBESTREIT als Ausweg vor, nur bei einem erwarteten insgesamt positiven (steuerlichen) Ergebnis des Geschäftsjahres in die Quartalsergebnisse Ertragsteueraufwendungen oder –erstattungen auf der Grundlage des jährlichen Effektivsteuersatzes einfließen zu lassen. [322] Werden nun erwartungsgemäß (ausschließlich) steuerfreie Erträge oder nichtabzugsfähige Betriebsausgaben vorliegen, kann der Steuereffekt der Hinzurechnungen/Kürzungen entweder gleichmäßig über die Quartale verteilt werden oder kommt im jeweiligen Quartal des Anfalls zum Ansatz. Die erste Lösung wird von DAHLKE präferiert, weil sie dem Prinzip der grundsätzlichen Jahresverteilung in IAS 34.30(c) entspricht und eher zur gewünschten Glättung der unterjährigen Steuerquote führt.[323]

---

[321] Vgl. DAHLKE 2007, S. 1832.
[322] Vgl. HEBESTREIT, in: BECK IFRS-HB 2006, § 42 Rn. 71.
[323] Vgl. DAHLKE 2007, S. 1833.

Verfügt das Unternehmen über eine separate Steuerplanung als Bestandteil einer integrierten Unternehmensplanung, enthält diese das erwartete zu versteuernde Einkommen (KSt) und den erwarteten Gewerbeertrag (GewSt) für das Geschäfts- bzw.- Steuerjahr. Ist eine solche Steuerplanung nicht vorhanden, muss von der IFRS-Planbilanz/-GuV (evtl. zunächst erst zur HGB- Planbilanz/-GuV und dann) zum steuerlichen Planergebnis übergeleitet werden. Auf deren Basis kann die voraussichtliche tatsächliche Ertragsteuerbelastung, d.h. ein erwarteter tatsächlicher Ertragsteuersatz (*estimated income tax rate*) errechnet werden.

Die Qualität der steuerlichen Plandaten hat erheblichen Einfluss auf die Güte der Steuerberechnung in den Zwischenberichterstattungen. Der hierfür erforderliche Aufwand sollte keinesfalls unterschätzt werden. Folgende Grundlagen sind dabei u.a. einzubeziehen:[324]

- Entwicklung der Abweichungen zwischen HGB- und Steuerbilanz,
- verdeckte Gewinnausschüttungen,
- steuerfreie Erträge, nicht abzugsfähige Betriebsausgaben, nicht abzugsfähige/ nicht anrechenbare ausländische Quellensteuern,
- sonstige aperiodische Ertragsteuern,
- Hinzurechnungen/Kürzungen bei der GewSt,
- Nichtabzugsfähiger Zinsaufwand wegen der Zinsschranke
- Nichtabziehbare Zinsen auf Steuern/steuerliche Strafzuschläge,
- Anpassungen der Rückstellungen für die steuerliche Risikovorsorge (Betriebsprüfungsrisiken),
- voraussichtliche untergehende Verlust- oder Zinsvorträge und
- voraussichtlich im Geschäftsjahr vorzunehmende Wertberichtigungen auf aktive latente Steuern, die Korrektur von in Vorjahren vorgenommenen Wertberichtigungen bzw. erstmals mögliche Ansatz latenter Steuern auf Verlust- oder Zinsvorträge.

[324] In Anlehnung an DAHLKE 2007, S. 1833, Tab. 2.

Je nach Veranlagungsstand und Qualität der zu Grunde gelegten erwarteten Effekte und Entwicklungen werden hinsichtlich der tatsächlichen Ertragsteuern die quartalsmäßigen Vorauszahlungen an den Fiskus mit den Berechnungen aus der Steuerplanung harmonieren. Ist dies nicht der Fall, sind in den Quartalsabschlüssen, abgesehen von der Möglichkeit der Beantragung und Gewährung von Anpassungen der Vorauszahlungsbeträge, Abgrenzungsbuchungen (Rückforderung von überhöhten Vorauszahlungen als sonstigen Vermögenswert oder Verbindlichkeiten für zu niedrige Vorauszahlungen) vorzunehmen. In deren Ergebnis wird der erwartete tatsächliche Ertragsteueraufwand des Jahres in den Zwischenberichterstattungen hinreichend korrekt abgebildet, wenn bei wesentlichen Änderungen der ursprünglichen Schätzung Anpassungen erfolgen. Dies geschieht über den anzuwendenden Steuersatz und führt zu Ausschlägen in der Steuerquote der Zwischenberichtsperiode der Erkenntnis, die sich über das Geschäftsjahr mehr oder weniger glätten.

Im Bsp. der Tabelle 9 wurde zunächst ein Ertragsteuersatz von 30 % unterstellt. Durch in Q3 angefallene ungeplante Aufwendungen, die nicht als Betriebsausgabe zum Abzug anerkannt werden, erhöht sich die für das Geschäftsjahr erwartete Steuerquote auf 35 %. Dadurch kommt es in Q3 zu einem anteiligen Nachholeffekt von 1.000 GE oder 10 % Steuern, was die Steuerquote für das kumulierte Quartalsergebnis sofort auf 45 % ausschlagen lässt.

	Q1	Q2	**kum. Q1-Q2**	Q3	**kum. Q1-Q3**	Q4	**Jahr**
Ergebnis vor Ertragsteuern	**10.000**	10.000	**20.000**	10.000	**30.000**	10.000	**40.000**
Steueraufwand	**3.000**	3.000	**6.000**	*4.500*	***10.500***	3.500	**14.000**
Steuerquote	**30 %**	30 %	**30 %**	*45 %*	***35 %***	35 %	**35 %**

Tabelle 9: Unterjährige Steuerbelastung bei Änderung der Prognose

An diesem Bsp. wird deutlich, das sich unterjährige Änderungen der Prognose des steuerlichen Ergebnisses (durch neu gewonnene Erkenntnisse/Einschätzungen oder bewusstes gestalterisches Abweichen vom ursprünglichen Planungsszenario z.B. wegen angekündigter Rechtsänderungen) unmittelbar in Auswirkungen auf die Steuerquote niederschlägt. Zu den Gründen und betragsmäßigen Auswirkungen der Änderung von Schätzungen bei der Ermittlung des Ertragsteueraufwandes im Vergleich zur Vorperiode sind bei gegebener Wesentlichkeit hinreichende Anhangsangaben im Zwischenabschluss erforderlich (IAS 34.16(d)).

Wenn der maßgebliche Steuertarif einen progressiven Verlauf (so auch Staffel- oder Stufentarife) aufweist, ergibt sich die Notwendigkeit, einen Durchschnittssteuersatz (*average income tax rate*) zu berechnen (vgl. Tabelle 3 zu IAS 34.B15). Gleiches gilt auch, wenn für verschiedene Ertragskategorien/Einkunftsarten verschiedene Ertragsteuersätze zur Anwendung kommen. Der Hauptanwendungsfall für den Durchschnittssteuersatz dürfte jedoch beim internationalen Konzernabschluss gegeben sein. Hier ist gem. IAS 34.B14 für jeden Steuerrechtskreis ein gesonderter geschätzter durchschnittlicher jährlicher effektiver Ertragsteuersatz zu bestimmen. Im Grundsatz wird die individuelle Steuersatzermittlung für lokale Rechtseinheiten je Steuersatz und/oder je Ertragskategorie und dessen getrennte Anwendung auf das anteilige Vorsteuerergebnis verlangt. Doch bereits im Nachsatz gesteht der Standardsetter zu, dass dieser Grad an Genauigkeit zwar wünschenswert, aber nicht in allen Fällen erreichbar ist. So kann eine vernünftige Näherung (*reasonable approximation*) im Verhältnis zur Verwendung von spezifischen Steuersätzen erreicht werden, wenn ein gewichteter Durchschnitt der Steuersätze von Rechtskreisen [und/] oder Ertragskategorien herangezogen wird (IAS 34.B14 S.3).[325]

Die Nutzung von Durchschnittssteuersätzen führt im Regelfall zu einer Glättung von steuerlichen Effekten.[326] Strittig ist in der Literatur die Frage der Behandlung von signifikant ungewöhnlichen Effekten (*unusual or infrequently occuring items*) bei der Herleitung des Durchschnittssteuersatzes. So sieht LOITZ in deren Herausrechnung ein tendenzielles Beseitigen von Schwankungen in der Steuerquote und damit eine dem grundsätzlichen Vorgehen des IAS 34 entsprechende Maßnahme.[327] DAHLKE hält dem entgegen, dass die Darlegungen in IAS 34.B14 zur Ermittlung von Durchschnittssteuersätzen dies ausschließen, da sonst unangemessene Ermessensspielräume bei der Verteilung des Steueraufwandes [auf die einzelnen Quartale] ermöglicht würden.[328] Ausnahmen sind nur bei bestimmten Steuergutschriften bzw. Zuwendungen durch die öffentliche Hand möglich (IAS 34.B19, IAS 34.38).

---

325 Vgl. BAETGE/BRUNS/ROLVERING, in: BAETGE IFRS-KOMM., IAS 34, RN. 191.
326 Vgl. ERNSTING 2000, S. 2537
327 Vgl. LOITZ 2006, S. 439.
328 Vgl. DAHLKE 2007, S. 1834.

6.4.4 Berechnung der Ertragsteuern im Zwischenabschluss

Der geschätzte durchschnittliche jährliche effektive Steuersatz soll gem. IAS 34.B12 auf das Vorsteuerergebnis *(pre-tax income of the interim period)* der Zwischenberichtsperiode angewendet werden. Dieses wird jedoch nicht definiert und weicht von der Sprachregelung in IAS 12.5 zum handelsrechtlichen Periodenergebnis vor Ertragsteuern *(Accounting profit is net profit or loss for a period before deducting tax expense)* ab. Zweifellos berücksichtigt das IFRS-Vorsteuerergebnis noch keinen Steueraufwand. Unstrittig dürfte auch sein, dass dann das IFRS-Ergebnis nach Steuern einer Zwischenberichtsperiode alle Steuern (tatsächliche und latente) zu berücksichtigen hat.

Folgt man dem zuvor dargelegten Schema zur Ermittlung eines erwarteten gewichteten durchschnittlichen jährlichen effektiven Steuersatzes, sind in diesem bereits die Auswirkungen der Veränderung der Steuerabgrenzung (aktive und passive latente Steuern auf temporäre und quasi-permanente Differenzen) und die Auswirkungen permanenter Differenzen enthalten. Dies setzte voraus, dass die Steuerplanung die Entwicklung der Differenzen zwischen Steuerbilanz und IFRS-Bilanz vorempfunden hat. Somit kommt für die latenten Steuern kein gesonderter Steuersatz zur Anwendung.[329] Geschäftsvorfälle/Transaktionen, die erfolgsneutral zu buchen sind, haben keine Auswirkungen auf den effektiven Steuersatz und sind in die Berechnungen nicht mit einzubeziehen.[330] Die Buchung der latenten Steuer folgt auch unterjährig direkt dem zu Grunde liegenden erfolgsneutralen Vorgang, berührt nicht die GuV, damit auch nicht den Steueraufwand, und stellt anteilig den korrekten Ausweis der Steuerpositionen und des Eigenkapitals sicher.

Der Ertragsteueraufwand in einem Zwischenabschluss ist wie folgt zu berechnen:[331]

- Berechnung des erwarteten effektiven Steuersatzes für das Geschäftsjahr,
- Multiplikation des kumulierten Vorsteuerergebnisses der Zwischenberichtsperiode mit dem effektiven Steuersatz ergibt den kumulierten Steueraufwand der Zwischenberichtsperiode,

---

[329] A.A. LOITZ 2006, S. 390, der eine latente Steuerquote [separat] zur effektiven erwarteten tatsächlichen Steuerquote ermitteln will.
[330] Vgl. LOITZ 2006, S. 439; DAHLKE 2007, S. 1835.
[331] In Anlehnung an DAHLKE 2007, S. 1834f.

- davon werden die zuvor getrennt berechneten und bereits gebuchten tatsächlichen Steuern (Vorauszahlungen, ggf. Anpassung von Verbindlichkeiten/ Vermögenswerte) abgezogen,

- nach Verrechnung mit den bereits in der vorangegangenen Zwischenberichtsperiode gebuchten latenten Steuern erfolgt die Einbuchung der Differenz erfolgswirksam unter den latenten Steuern (aktiv/passiv) sowie

- gesonderte Ermittlung der erfolgsneutralen latenten Steuern und Buchung im IFRS-Eigenkapital (Neubewertungsrücklage).

Dieses Vorgehen kann m.E. ggf. unzulässige Saldierungen mit sich bringen. IAS 34 unterscheidet grundsätzlich nicht zwischen tatsächlichen und latenten Steuern, sondern es wird ein einheitlicher Steuersatz angewendet. Nach der oben dargestellten Methodik kann zwischen dem tatsächlichen Ertragsteueraufwand und den latenten Steuern hinreichend unterschieden werden. Ist dies nicht möglich, weil die Genauigkeit der unterjährigen Berechnung der tatsächlichen Steuern unzureichend ist, kommt eine Aufteilung im sachgerechten Schätzungsweg in Frage.[332]

Eine Unterscheidung des zu buchenden latenten Ertragsteueraufwandes nach den zugehörigen Differenzposten in der Bilanz ist nach der Methodik des IAS 34 überhaupt nicht möglich. Handelt es sich um latenten Steueraufwand, wird im Zweifelsfall erhöhend in die passive Steuerabgrenzung gebucht und umgekehrt für einen latenten Steuerertrag. Sollten aus dem letzten Bilanzstichtag der Ausweis an aktiven latenten Steuern überwiegen, so ist auch eine Buchung des Steueraufwandes hiergegen mit umgekehrten Vorzeichen denkbar. Die Steuerabgrenzungsposten sind dann wegen der ggf. unzulässigen Saldierung nicht IAS 12 konform ausgewiesen und können erst wieder im nächsten Jahresabschluss richtiggestellt werden. Insoweit liegt mit IAS 34 eine deutliche Vereinfachung ggü. IAS 12 vor.

6.5 Ertragsteuern in der Zwischenberichterstattung nach US-GAAP

Für die Zwischenberichterstattung nach US-GAAP ist grundlegend ABP 28 *Interim Financial Reporting* zu beachten. Dort werden die Grundsätze der unterjährigen Rechnungslegung und die Mindestanforderungen für die in einem verkürzten Zwischenabschluss offenzulegenden Informationen für alle nach US-GAAP bilanzierenden Unternehmen festgelegt. Aus den SEC-Vorschriften (Regulation S-X)

[332] DAHLKE betrachte das o.g. Vorgehen zur unterjährigen Ermittlung der tatsächlichen Steuern bereits als Schätzung, vgl. DAHLKE 2007, S. 1835.

ergeben sich für die SEC *registrants* zusätzliche Ausweis- und Angabepflichten. Ähnlich den IFRS ist es das vorrangige Ziel der Zwischenberichterstattung, den Abschlussadressaten zeitnahe Unternehmensinformationen (*relevance, timeless*) zur Verfügung zu stellen. Hierbei wird die Zwischenperiode als Teil des Geschäftsjahres betrachtet und somit vom Grundsatz der *integral approach* verfolgt.[333] Folglich sind entsprechende Schätzungen nötig und Glättungseffekte vorgesehen. Ansonsten sind die Bilanzierungsgrundsätze für den Jahresabschluss auch im Zwischenabschluss anzuwenden (*discrete approach*). Abweichungen hiervon bzw. Modifikationen sind in ABP 28 explizit aufgeführt. Der Fokus liegt auf den zentralen Daten der GuV.[334] Für die Ertragsteuern in der US-GAAP-Zwischenberichterstattung sind neben den grundlegenden Ausführungen in SFAS 109.190-195 detaillierte Regelungen in der FIN 18 *Accounting for Income Taxes in Interim Periods*, einer Interpretation des ABP 28, zu finden.

Der Ertragsteueraufwand einer Zwischenberichtsperiode ist auf Grundlage der zu Ende jeden Quartals zu ermittelnden *estimated annual effective tax rate* zu berechnen (SFAS 109.190). Er besteht aus tatsächlichem und latentem Steueraufwand für *continuing operations*. Für *discontinued operations*, *extraordinary*[335], *unusual* oder *infrequently occuring items* sind die Steuereffekte die aus der jeweiligen Transaktion resultieren direkt in der betreffenden Zwischenberichtsperiode als *discrete item* zu erfassen (ABP 28.19). Weitere Punkte für die gesonderte Berücksichtigung, die also keinen Eingang in den erwarteten Steuersatz finden, sind Neueinschätzungen zur Bewertung von *valuation allowences*, die bereits am letzten Bilanzstichtag bestanden, und Änderungen in der Steuergesetzgebung (FIN 18.16). Wird die ursprüngliche Einschätzung zur Realisierbarkeit einer unsicheren Steuerposition geändert, so bildet die Anpassung gem. FIN 48 ein *discrete item*. Wird der Posten in dem Geschäftsjahr erstmals angesetzt, ist die Änderung jedoch in die unterjährig aktualisierte erwartete *effective tax rate* einzubeziehen.[336]

Laufen in einer Zwischenperiode Verluste auf, so sind gem. ABP 28.20 hierfür nur aktive latente Steuern anzusetzen, wenn erwartet werden kann, dass sich die Steuervorteile (*tax benefit*) noch im laufenden Geschäftsjahr realisiert werden können oder am Ende des Geschäftsjahres ein *deferred tax asset* nach SFAS 109

---

[333] Vgl. KPMG 2006, S. 201.
[334] Vgl. ERNSTING 2000, S. 2537 m.w.N.
[335] Praktisch allerdings selten bis gar nicht vorkommend, vgl. ERNSTING 2000, S. 2539.
[336] Vgl. KPMG 2006, S. 205.

angesetzt werden kann.[337] Die Nutzung von vorgetragenen steuerlichen Verlusten ist in die Berechnung des erwarteten effektiven Steuersatzes einzubeziehen. Unterjährige Neueinschätzungen zur Verlustnutzung sind wiederum als *discrete item* zu erfassen und führen nicht unterjährig zur Anpassung des erwarteten Steuersatzes.[338]

Methodisch ähnlich dem IAS 34 wird der Steueraufwand der Zwischenberichtsperiode errechnet, indem auf das kumulierte *income from continuing operations* der quartalsweise aktualisierte (*catch-up adjustment*) erwartete Steuersatzes angewendet wird. Zusammen mit den Steueraufwendungen/-erträgen aus den separat bewerteten *discrete items* ergibt sich unter Verrechnungen des Steueraufwandes des/der vorherigen Quartal(e) der Gesamtsteuerbetrag. Insoweit könnte die unterjährige Glättung der Steuerquote schlechter gelingen als nach IFRS.

Hinsichtlich der Berücksichtigung von geänderten Steuersätzen ist SFAS 109.27, 109 u. 194 für US-Steuergesetze etwas präziser. Hier kommt es zum *enactment date*, wenn der US-Präsident das geänderte oder neue Gesetz unterzeichnet hat. Zu den Angabepflichten für latente Steuern ist auf SFAS 109.43-49 zu verweisen. Im Zwischenbericht ist nur über wesentliche Änderungen der *estimated annual effective tax rate* gem. SFAS 109.45g zu berichten.[339]

Bleibt festzuhalten, dass die Regelungen der US-GAAP zu den Ertragsteuern in der Zwischenberichterstattung nicht wesentlich von denen in IAS 34 bzw. IAS 12 abweichen. Mit FIN 18 und FIN 48 liegen jedoch deutlich ausführlichere Rechnungslegungsdokumente vor, die ggf. bei einer Auslegung der IFRS herangezogen werden könnten.

6.6 Praktische Probleme bei der Ermittlung von Ertragsteuern in Zwischenabschlüssen

6.6.1 Anforderungen an Rechnungswesen und Unternehmensplanung

Die korrekte Abbildung der Ertragsteuern im IFRS-Abschluss stellt hohe Anforderungen an Finanz- und Rechnungswesen, Steuerabteilung und Controlling. Bei der Umstellung einer HGB-Buchhaltung auf IFRS-Berichtszwecke ergab bzw.

---

[337] Vgl. ERNSTING 2000, S. 2539; KPMG 2006, S. 205. Dies entspricht der Lösung in Tab. 7 nach IAS 34.B22 und damit gegen die „vorsichtige Kappungsvariante" in Tab. 8.

[338] So KPMG 2006, S. 205. Nach ERNSTING 2000, S. 2538 m.w.N., ist dies strittig und alternativ auch im Steuersatz zu berücksichtigen. Dies wird aus dem Konzept der *tax reconciliation* des SFAS 109 geschlussfolgert.

[339] Vgl. ERNSTING 2000, S. 2540 m.w.N.

ergibt sich für viele Unternehmen erstmals die Notwendigkeit der Bearbeitung latenter Steuerpositionen innerhalb des Buchwerkes. Eine Berechnung nach § 274 HGB ließ sich wohl noch in einer Tabellenkalkulation bewältigen und anschließend war ggf. die passive Steuerabgrenzung mit einem Buchungssatz erledigt. IAS 12 bringt die Zerlegung der Ertragsteuern in deren Komponenten und damit die kontenmäßige Untergliederung im Rechnungswesen mit sich.[340] Die Erledigung der gestiegenen Anforderungen erfordert meist zusätzliche Spezialisten, die sich im Schnittstellenbereich zwischen Rechnungslegung und Besteuerung ansiedeln. Im Ergebnis kommt es zur Institutionalisierung eines sog. Tax Accountings. Dieses kann zum Rechnungswesen gehören, ist meist jedoch in den (Konzern-)Steuerabteilungen zu finden.[341] In jedem Fall kommt dem umfassenden Informationsaustausch zwischen der Buchhaltung und den Steuerexperten eine tragende Rolle zu.[342]

Zu den Aufgabenfeldern der Steuerabteilung bzw. des Tax Accounting gehören die Ermittlung der steuerlichen Buchwerte und die Feststellung temporärer Differenzen, die steuerliche Ergebnisplanung, die Ermittlung des anzuwendenden Steuersatzes und die Prognose des Auflösungszeitpunktes temporärer Differenzen.[343] Die Bearbeitung dieser Aufgaben erfordert eine umfassende und rechtzeitige Informationserhebung bei anderen Funktionsabteilungen, insbesondere der Planungsabteilung des Controlling.[344] Umgekehrt haben die steuerlichen Erkenntnisse, insbesondere die Entwicklung der latenten Steuern, Einfluss die Unternehmensplanung (Stichwort Konzernsteuerquote).[345] Die Steuerplanung ist eine elementare Steuer(management)aufgabe und verfolgt keinen Selbstzweck, sondern ist immer in das Gesamtsystem der unternehmerischen Planung zu integrieren.[346] Bei einer Zentralisierung dieser Tätigkeiten in der Konzernzentrale können Defizite durch die „operative Ferne" zu den Rechtseinheiten und deren unterentwickeltes fachliches Verständnis für eine solch spezielle Thematik eine mögliche Ursache für Ungenauigkeiten in der Steuerabgrenzung sein.[347] Insbesondere im Konzern ist es nur noch mit Hilfe von speziellen Softwarelösungen möglich, die Steuerplanung und die Berechnung latenter Steuern einschließlich Überleitungsrechung zu erstellen.

---

340 Vgl. KIRSCH 2002, S. 2224.
341 Zur Schnittstellenproblematik vgl. PwC 2005, S. 14f.
342 Vgl. KIRSCH 2005a, S. 1159, zur Einbindung der Steuerabteilung in das Informationsmanagement zur Erstellung von IFRS-Abschlüssen.
343 Vgl. KIRSCH 2005b, S. 1419.
344 Vgl. LANGENBUCHER 2005, S. 23f.
345 Vgl. LÜHN 2007, S. 557.
346 Vgl. FREIDANK, in: VAHLEN AUDITING LEXIKON, S. 1290.
347 Vgl. PwC 2005, S. 19.

Gerade für Zwecke der Zwischenberichterstattung besitzt die Qualität der Planung große Relevanz. Über den erwarteten (Konzern-)Steuersatz wird schließlich drei Quartale lang des Steuerergebnis direkt geprägt. Die Prognose zukünftiger Unternehmensergebnisse durch das Management gewinnt an Tragweite und Einfluss auf die Fehlerhaftigkeit des gesamten IFRS-Abschlusses.[348] Ein erheblicher Prognosespielraum beim Ansatz aktiver latenter Steuern besteht hinsichtlich der Beurteilung des Vorhandenseins künftiger zu versteuernder Gewinne. Leider ist in IAS 12 keine Aussage zum Prognosehorizont zu finden.[349]

Die Mehrheit der Unternehmen dürfte ein Vier- bis Fünf-Jahresplanung (sog. Mittelfristplanung mit im Zeitverlauf abnehmender Genauigkeit) durchführen. Hierbei wurde oftmals bereits auf eine IFRS-Basis gewechselt, so dass die HGB-Planung (zeitlich und ggf. leider auch qualitativ) nachrangig betrachtet wird. Da sich die Steuerergebnisplanung direkt auf die Handelsbilanz stützt, liegt hier bereits ein erhebliches Fehlerpotenzial. Vollständige mittelfristige Steuerbilanzplanungen dürften in den wenigsten Konzernen vorliegen, obwohl sie eine Voraussetzung für die Erfüllung der Anforderungen des IAS 12 darstellen.[350] Insoweit kommt der (Ein-)Schätzung durch das Management und die Fachexperten eine Schlüsselrolle zu. Bezogen auf die Zwischenberichterstattung (Notwendigkeit der Aktualisierung der erawrteten effektiven Steuerrate) ist außerdem abteilungsübergreifend ein mindestens quartalsweiser Soll-Ist-Abgleich/Forecast der Planungsaussagen durchzuführen.

6.6.2 Folgen der Umsetzungsprobleme für die Ertragsteuerberechnung in der Zwischenberichterstattung

In der Praxis tun sich viele Unternehmen recht schwer, bei der Berechnung der Ertragsteuern in der Zwischenberichterstattung den relevanten Standard IAS 34 exakt zu befolgen.[351] Die Ursachen hierfür können durchaus vielfältiger Natur sein. Ohne Bedeutung der Reihenfolge wären zu nennen: Schwächen im Planungsprozess und/oder im zeitnahen Soll-Ist-Abgleich/Forecast, Kommunikations- bzw. Abstimmungsprobleme zwischen den Fachbereichen Controlling/Accounting/M&A/Steuern, dito zwischen den einzelnen Rechtseinheiten/Teilkonzernen und den Konzernfachabteilungen, unzureichende Fachkenntnisse der Mitarbeiter

[348] Vgl. AK DVFA 2003.
[349] Vgl. KIRSCH 2003a, S. 243.
[350] Der Verfasser hat in über zehn Jahren Berufspraxis in Wirtschaftsprüfung, Steuerberatung und Industrie jedenfalls noch keine Steuerplanung diesen Niveaus vorfinden können.
[351] Vgl. PwC 2005, S. 23.

(insbesondere auf der Erfassungsebene steuerlich relevanter Geschäftsvorfälle), lückenhafte Unternehmenskenntnisse bei hierfür beauftragtem externen Dienstleister, mangelnder Detailierungsgrad der erhobenen Angaben, keine oder mangelhafte Softwarelösung, zeitliche Probleme bei unrealistischer Reporting-/ Konsolidierungs-terminkette oder auch die bewusste Ergebnisbeeinflussung durch das lokale oder Konzernmanagement. Nachfolgend sollen zur Verdeutlichung der dadurch verursachten Abschlussverfälschung verschiedene nicht im Einklang mit IAS 34 stehende Vorgehensweisen angeführt werden. Diese treten ggf. als kombinierte oder abgewandelte Varianten auf.

- Das Unternehmen berechnet keinen erwarteten effektiven Steuersatz, sondern verwendet den nominalen Steuersatz, der sich aus dem aktuell gültigen gesetzlichen Tarif ergibt. Folge: Der Steueraufwand fällt insbesondere wegen nicht berücksichtigter permanenter Differenzen (meist nichtabzugsfähige Betriebsausgaben) zu niedrig aus. Bestehen daneben ungenutzte steuerliche Verlustvorträge, die nicht einbezogen werden, ergibt sich ein zu hoher Steueraufwand.[352]

- Der erwartete effektive Steuersatz wird nicht aus den Planungsdokumenten berechnet, sondern geschätzt. Grundlage der Schätzung ist die effektive Steuerquote des Vorjahres, die ggf. um erwartete Sondereffekte bereinigt wird. In Folgequartalen erfolgt evtl. eine Anpassung. Folge: Risiko größerer Ungenauigkeit in der verwendeten Steuerquote, am Jahresende deutlicher Anpassungseffekt und damit Steuernquotenausschlag.

- Es wird ein erwarteter Steueraufwand des Geschäftsjahres (Absolutbetrag) berechnet, der dann quartalsweise in gleicher Höhe oder in Abhängigkeit von der Umsatz-/Ergebnisplanung oder dem tatsächlichen Verlauf eingebucht wird. Evtl. erfolgen unterjährige Anpassungen des Jahresbetrages durch Korrekturbuchung.. Folge: Ungenauigkeiten, zunehmende Tendenz von Ausschlägen in der Steuerquote

[352] Dieser Effekt ergibt sich bei jeder Variante, die eine mögliche und wahrscheinliche Verlustnutzung nicht berücksichtigt.

- Auf Basis der Planung wir der voraussichtliche tatsächliche Steueraufwand errechnet und der latente Steueraufwand wird in (geplanter) Relation, z.B. nach den Vergangenheitsverhältnissen mitgezogen. Folge: Risiko völliger Verfälschung des latenten Steueraufwandes mangels konkreter Berücksichtigung der zu Grunde liegenden Differenzen.

- Der Bilanzvergleich zur Ermittlung der (temporären) Differenzen nach IAS 12 wird in jedem Quartal durchgeführt. D.h. die Ertragsteuern im Zwischenabschluss werden (fast) wie im Jahresabschluss berechnet. Das Beispiel in Tabelle 10 soll dies c.p. verdeutlichen. Ein Unternehmen mit langfristiger Auftragsfertigung bilanziert seine Fertigungsaufträge im IFRS-Abschluss durch Teilgewinnrealisierung nach der *percentage of completion method* des IAS 11.[353] In der HGB- und Steuerbilanz ist eine Umsatzerlösrealisierung jedoch nach der completed contract method noch nicht möglich.[354] Die Gewinnspanne beträgt 20 %, die tarifliche Steuerbelastung 30 % und der erwartete effektive Steuersatz würde wie im Vorjahr 32 % betragen.

	01.01.		Q1		kum. Q2		kum. Q3		kum. 31.12.	
	HB	SB	HB	SB	HB	SB	HB	SB	HB	SB
Ford. aus PoC-Aufträgen	1.000	0	5.000	0	9.000	0	0	0	600	0
Unf. Erzeugn. / Ford. aus LuL	0	800	0	4.000	0	7.200	10.000	10.000	0	0
Temp. Differenz	-200		-1.000		-1.800		0		-600	
pass. lat. Steuer	-64		-300		-540		0		-180	
Steueraufwand nach IAS 12			**236**		**476**		**540**	***640***	**658**	
Steuerquote			30 %		30 %		30 %		32 %	
Ergebnis			800	0	1.600	0	1.800	2.000	1.920	2.000
Steueraufwand nach IAS 34			**256**		**512**		**576**			
Steuerquote			32 %		32 %		32 %			

Tabelle 10: Unterjährige Steuerabgrenzung nach IAS 12-Methodik

Im 3. Quartal erfolgt eine vertragsgemäße Teilabrechnung des Auftrages mit 10.000 GE. Folge: Der Steueraufwand nach IAS 12 ist zu niedrig (Q1 u. Q2) bemessen. Bei zunehmendem Leistungsfortschritt erhöht sich die Differenz ggü. dem korrekten IAS 34-Wert. Auch bei Umsatzlegung im 3. Quartal wird keine Idendität der Werte erreicht.

[353] Vgl. ADS 2000, § 252 Tz. 82.
[354] Vgl. ADS INTERNATIONAL, Abschn. 16, Tz. 38ff.

- Die tatsächlichen Steuern werden auf Basis einer Plan-Berechnung für das Quartal berechnet und die latenten Steuern dagegen auf Basis eines Ist-Bilanzvergleichs (Methoden-Mischung). Folge: sehr hohe Ausschläge in der Steuerquote.[355]

- In jedem Quartal wird außer der Berechnung nach IAS 34 eine Ist-Ermittlung der Steuern durchgeführt (zu Verprobungszwecken oder im Rahmen des Steuercontrolling). Wird die Differenz jedoch nachgebucht, um zur „Ziel"-Quote zu gelangen, kommt es in der Folge zur unzulässigen Erfasung von „fiktiven" (tatsächlichen oder latenten) Bilanzposten für Steuern.[356]

- Bei der Berechnung der erwarteten effektiven Steuerquote werden latente Steuereffekte, die mit erfolgsneutralen Bilanzbuchungen im Zusammenhang stehen, einbezogen. Folge: Verwerfungen in der Steuerquote in die betreffende Richtung.

- Um die gewichtete durchschnittliche erwartete Konzernsteuerquote nach IAS 34 zu ermitteln, wird ausschließlich auf das Mutterunternehmen oder nur die größten Rechtseinheiten abgestellt. Folge: Insbesondere bei erheblichen im niedriger besteuernden Ausland erzielten Steuerergebnisanteilen ist die Steuerquote zu hoch oder auch vice verca.

Aus diesen vielfältigen Abwandlungen bis Entfremdungen der IAS 34-Methodik durch die Verwendung von Schätz- bzw. Erfahrungswerten, pauschalierende Verfahren oder auch „übergenaue" Berechnungen in der Bilanzierungspraxis kann geschlussfolgert werden, dass gegenwärtig in der Zwischenberichterstattung nicht mit hinreichender Sicherheit von einer gleichartigen, d.h. IAS 34-konformen Ertragsteuerabgrenzung ausgegangen werden kann.[357] Auch die erläuternden Anhangsangaben bringen hier (wohl auch beabsichtigt) selten Transparenz.

---

[355] Vgl. LOITZ 2006, S. 440.
[356] Vgl. LOITZ 2006, S. 440.
[357] Leider liegen außer mit PwC 2005 nur wenige empirische Untersuchungsergebnisse hierzu vor. KEITZ 2005, S. 155-166 u. 352; LIENAU 2006, S. 203-220; KÜTING/ZWIRNER 2003 sowie KÜTING/ZWIRNER 2005 hatten ihre Analysen auf IAS 12 konzentriert.

7 Auswirkungen der Unternehmensteuerreform 2008 auf die Bilanzierung latenter Steuern in IFRS-Abschlüssen

7.1 Allgemeines zum Unternehmensteuerreformgesetz 2008

Mit dem UntStRefG 2008 verfolgt die Bundesregierung u.a. die folgenden Ziele:[358]

- Senkung der nominalen Ertragsteuerbelastung von Kapitalgesellschaften von 38,65 % auf 29,83 %[359] und damit Erhöhung der Standortattraktivität für nationale und internationale Investoren,
- längerfristige Sicherung des deutschen Steuersubstrats u.a. durch die Einführung einer Zinsschranke [bei der Körperschaftsteuer] sowie die Modifikation der Hinzurechnungen bei der Gewerbesteuer,
- Verhinderung der Verlagerung von Kapital privater Anleger ins Ausland durch Einführung einer Abgeltungssteuer und
- Einführung einer Begünstigung von thesaurierten Gewinnen, damit die Personenunternehmen ähnlich günstige Thesaurierungsbedingungen vorfinden wie Kapitalgesellschaften.

Die Wirkungen der Änderung in diversen deutschen Steuergesetzen treten für die Unternehmen im Wesentlichen ab dem 01.01.2008 und für Privatpersonen mit dem 01.01.2009 in Kraft. Die Quartalsberichte per 30.09.2007 der im Dax-30 vertretenen dt. Konzerne geben jedoch bereits eine erste Indikation der Reformeffekte. Danach steigen die Unternehmensgewinne schon jetzt.[360] Die Rahmenbedingungen der Unternehmensbesteuerung in Deutschland werden mit dem UntStRefG 2008 gravierend verändert.[361] Um die finanziellen Folgen der Senkung der KSt-Belastung für den Fiskus überschaubar zu machen, werden gleichzeitig zahlreiche Gegenfinanzierungsmaßnahmen eingeführt.[362] Des Weiteren wird sich das Gesetz signifikant auf die Bilanzierung und Bewertung latenter Steuern auswirken.[363] Die zahlreichen neuen und neuartigen Steuervorschriften führen zu zusätzlichen Abweichungen zwischen der IFRS- und der Steuerbilanz. Auf einige ausgewählte Auswirkungen dieser Steuerreform für Kapitalgesellschaften soll nachfolgend eingegangen werden.

---

[358] Vgl. Gesetzesbegründung in: BT 16/4841, S. 1; HERZIG/BOHN 2007, S. 1.

[359] Hierbei wird ein GewSt-Hebesatz von 400 v.H. angenommen. Der bundesdurchschnittliche Hebesatz beträgt allerdings 433 %, vgl. SPENGEL/REISTER 2007, S. 279.

[360] Vgl. FAZ 2007. Die Mehrzahl der betrachteten Unternehmen weist demnach einen sinkenden Steueraufwand und damit höhere (Quartals-)Ergebnisse aus, was diesbezüglich fast ausschließlich von der Abwertung passiver latenter Steuern herrühren dürfte.

[361] Vgl. RÖDDER 2007, S. 1.

[362] Vgl. WATRIN/WITTKOWSKI/STROHM 2007, S. 785.

[363] Vgl. KIRSCH 2007a, S. 1268.

7.2 Änderung des Ertragsteuersatzes

Durch Art. 2 Nr. 10 UntStRefG 2008 wird der KSt-Satz von 15 % auf 25 % gesenkt (§ 23 KStG n.F.). Dieser gilt weiterhin ausschüttungsunabhängig und wird mit SolZ in unveränderter Höhe (5,5 %) zusätzlich belastet. Der Art. 3 UntStRefG 2008 bringt zahlreiche Änderungen bei der GewSt. So beträgt die GewSt-Messzahl nun einheitlich 3,5 % (§ 11 Abs. 2 GewStG n.F.). Der GewSt wird die Eigenschaft als Betriebsausgabe aberkannt, d.h. sie mindert weder ihre eigene noch die Bemessungsgrundlage der KSt (§§ 4 Abs. 5b u. 52 Abs. 12 EStG n.F.). Bei der Ermittlung des Gewerbeertrages gem. § 7 GewStG kommt es mit § 8 Nr. 1 GewStG n.F. zu einer deutlichen Ausweitung der bisherigen Hinzurechnungstatbestände, die sich nunmehr für sämtliche Zinsen und zinsähnliche Entgelte ergeben. So darf bei der nominalen Senkung von KSt-Steuersatz bzw. GewSt-Messbetrag die entgegenwirkende Verbreiterung der Bemessungsgrundlagen nicht außer Acht gelassen werden. Vorbehaltlich einer evtl. kompensatorischen Anpassung der GewSt-Hebesätze durch die Gemeinden ergibt sich beispielhaft folgendes Bild:

	Freie Hansestadt Bremen		**Freie und Hansestadt Hamburg**	
Jahr (VZ/EZ)	2007	2008	2007	2008
Hebesatz (HS)	440,00 %	*440,00 %*	470,00 %	*470,00 %*
Messzahl (MZ)	5,00 %	3,50 %	5,00 %	3,50 %
HS * MZ	22,00 %	15,40 %	23,50 %	16,45 %
GewSt	**18,03 %**	**15,40 %**	**19,03 %**	**16,45 %**
KSt	25,00 %	15,00 %	25,00 %	15,00 %
SolZ	5,50 %	5,50 %	5,50 %	5,50 %
KSt + SolZ	26,38 %	**15,83 %**	26,38 §	**15,83 %**
KSt + SolZ wenn GewSt abz.fähig	**21,62 %**		**21,36 %**	
Effektiver Steuersatz	**39,65 %**	**31,23 %**	**40,39 %**	**32,28 %**

Tabelle 11: Änderung der effektive Steuerbelastung in den Hansestädten Bremen und Hamburg (2007 im Vergleich mit 2008)

Somit könnten sich auf Ebene der Kapitalgesellschaften Steuerentlastungen von etwas mehr als 8 % einstellen. Die GewSt erreicht eine der KSt vergleichbare Belastungshöhe, dadurch gewinnen die lokalen Hebesätze als Standortfaktor im innerdeutschen Steuerwettbewerb an Bedeutung.[364]

---

[364] Vgl. SPENGEL/REISTER 2007, S. 279.

Der Vollständigkeit halber soll auf die Änderungen der Besteuerung auf Gesellschafterebene verwiesen werden, die den Steuersatzsenkungseffekt u.U. deutlich aufsaugen können. Bei der Ausschüttung der Kapitalerträge an natürliche Personen als Anteilseigner wird ab VZ 2009 eine Abgeltungssteuer von 25 % (zzgl. SolZ ergeben sich 26,38 %) eingeführt (§ 32d EStG n.F.), die von einem 60 %-Teileinkünfte-Verfahren (statt des bisherigen Halbeinkünfte-Verfahrens) begleitet wird (§ 3 Nr. 4 i.V.m. § 52a Abs. 3 u. 4 EStG n.F.). Allerdings sind bei den im Privatvermögen gehaltenen Beteiligungen die damit in Zusammenhang stehenden Werbungskosten nicht mehr ansetzbar (§ 20 Abs. 9 EStG n.F.; im Betriebsvermögen jedoch zu 60 % abzugsfähig, § 3c Abs. 2 EStG n.F.).[365]

Die deutliche Änderung der Steuersätze ist auch bei der Berechnung der latenten Steuern bzw. der Bewertung der vorhandenen Steuerabgrenzung zu berücksichtigen. Das zu Grunde liegende Konzept ist dabei irrelevant.[366] Fraglich ist jedoch der korrekte Zeitpunkt der Erfassung der Steuersatzänderungen in der Bewertung.

Der Gesetzentwurf der Fraktionen der CDU/CSU und SPD zum UntStRefG 2008 stammt vom 27.03.2007, der Deutsche Bundestag hat den Entwurf am 25.05.2007 verabschiedet, der Deutsche Bundesrat hat seine Zustimmung am 06.07.2007 erteilt, der Bundespräsident hat das Gesetz am 14.08.2007 gemeinsam mit der Bundeskanzlerin und dem BMF ausgefertigt. Verkündet wurde es im BGBl. am 17.08.2007 und trat nach Art. 14 Abs. 1 UntStRefG 2008 – vorbehaltlich weniger Ausnahmen - am Tag nach seiner Verkündung, d.h. am 18.08.2007 in Kraft. Die Bewertung der Steuerabgrenzung ist gem. IAS 12.47 mit dem erwarteten künftigen Steuersatz bei der Umkehr der Differenzen vorzunehmen. Gem. IAS 12.48 ist nicht auf Basis (subjektiver) Erwartungen sondern auf Basis des entweder schon verkündeten oder materiell schon sicheren Steuersatzes (*substantively enacted rate*) zu rechnen.[367] Eine Verkündung liegt nach Meinung des IASB und des RIC in Dtld. mit den Zustimmungsbeschlüssen von Bundestag und Bundesrat vor. D.h. ein *substantive enactment of law* für das UntStRefG 2008 lag am 06.07.2007 vor und findet frühestens in Abschlüssen nach dem 30.06.2007 Berücksichtigung.[368]

---

[365] Vgl. WATRIN/WITTKOWSKI/STROHM 2007, S. 789ff.
[366] Vgl. BEINE 1995, S. 542f.
[367] Vgl. FREIBERG 2007, S. 201.
[368] Vgl. RIC 2007.

Bei der Aufstellung von Jahresabschlüssen mit einem Stichtag nach dem 06.07.2007, aber vor dem 31.12.2007, ergeben sich für die laufenden Steuern keine Anpassungen, da das Einkommen/der Gewerbeertrag nach bisherigem Recht, d.h. zu den alten Steuersätzen zu berechnen sind.[369] Bei einem nach dem 31.12.2007 endenden Wirtschaftsjahr ist wegen § 4a Abs. 2 Nr. 2 EStG das neue Recht anzuwenden. Liegt der Stichtag eines Jahresabschlusses nach dem 06.07.2007, sind für die Bewertung der latenten Steuern bereits die in der Zukunft (bei Differenzenumkehr) geltenden gesenkten Steuersätze heranzuziehen.

Interessanter ist diese Frage bei Zwischenberichterstattungen, die nach dem 06.07.2007, aber vor dem 31.12.2007 erfolgen. Hierbei rückt erneut das Grundproblem der Ertragsteuerberücksichtigung in Zwischenberichterstattungen in den Mittelpunkt, also: Ist eine Zwischenberichtsperiode als eigenständiger oder integraler Bestandteil des Geschäftsjahres zu betrachten? Nach LOITZ sind die folgenden beiden Methoden konform mit IAS 34 und auch praxisgerecht:[370]

- Die Behandlung der Steuersatzänderung erfolgt als *discrete item*. Im 3. Quartal 2007 wird eine Anpassung der latenten Steuern durch Anwendung des ab 2008 zu verwendenden Steuersatzes auf die sich ab 01.01.2008 umkehrenden Differenzen erfolgswirksam bzw. im Eigenkapital durchgeführt. Aus diesem Einmaleffekt resultiert eine sehr niedrige Steuerquote im 3. Quartal 2007 und eine deutlich gesunkene Steuerquote für die kumulierten drei Quartale des Geschäftsjahres 2007, die im 4. Quartal 2007 wieder leicht ansteigt.

- Es erfolgt eine Änderung des erwarteten Steuersatzes durch dessen Neuberechnung im 3. Quartal 2007 für das Gesamtjahr 2007 (unter Berücksichtigung der Umbewertung aller sich ab 01.01.2008 umkehrenden Differenzen). Dieser neue Steuersatz wird sodann auf das kumulierte Ergebnis des 3. Quartals 2007 angewendet. Die sich ergebenden Anpassungen der Steuerabgrenzungsposten sind im 3. Quartal 2007 erfolgswirksam bzw. im Eigenkapital zu buchen. In der Folge ergibt sich ebenfalls eine deutlich gesunkene Steuerquote im 3. Quartal 2007 und eine bessere Glättung der kumulierten Steuerquote über das gesamte Geschäftsjahr 2007 ggü. der ersten Alternative.

---

[369] Zur Irrelevanz von rückwirkenden Anpassungen mangels gesetzlicher Rückwirkung der Steuersatzänderungen durch das UntStRefG 2008, vgl. FREIBERG 2007, S. 202.
[370] Vgl. LOITZ 2007, S. 2049f.

Eine rückwirkende Anpassung von Zwischenberichtsperioden darf grundsätzlich nicht erfolgen. Differenzen, die sich erst ab 01.01.2008 umkehren, dürfen vorher nicht (anteilig) mit dem künftigen gesunkenen Steuersatz bewertet werden. Dies gilt insbesondere für aktive latente Steuern auf noch nicht genutzte steuerliche Verlustvorträge, die für den bilanzierenden Stpfl. nun deutlich an Wert verloren haben. Eine Mischung der beiden o.g. Methoden hält LOITZ ebenfalls für IAS 34-konform, lehnt dies aber wegen der Schwierigkeiten bei der praktischen Umsetzung, insbesondere der schlechten Nachvollziehbarkeit, eher ab.[371] Die angesprochenen Bewertungseffekte im 3. Quartal 2007 sind in Abhängigkeit von ihrer früheren Einbuchung entweder erfolgswirksam oder erfolgsneutral (IAS 12.60(a)) zu erfassen.[372] Hierzu werden im betreffenden Zwischenbericht umfangreiche Anhangsangaben erforderlich, die die Effekte der Steuersatzänderung bzw. des gesamten UStRefG 2008 hinreichend erklären (IAS 34.16(a), (c) u. (h)).[373]

Für den Fall eines Unternehmenszusammenschlusses i.S.d. IFRS 3, der vor dem 06.07.2007 den Erwerbszeitpunkt (*change of control*) zu verzeichnen hatte, ist das *one-year-window* der Fertigstellung der Erwerbsbilanzierung (IFRS 3.62(a))[374] zum Zeitpunkt des *substantive enactment of tax law* noch offen. Damit stellt sich die Frage, ob rückwirkend auf den davorliegenden Zeitpunkt bereits eine Bewertung der Steuerabgrenzung für die mit der Unternehmenstransaktion übernommenen Vermögenswerte und Schulden mit dem geänderten Steuersatz erfolgen darf. Dies ist m.E. grundsätzlich abzulehnen, weil ein gedachter Erwerber systematisch nicht anders behandelt werden darf (IAS 12.48). Denn alle Marktteilnehmer hatten letztlich das gleiche Wissen von der angekündigten Steuerreform und dürfen bzw. durften dieses bilanziell nicht für Stichtage bzw. Erwerbszeitpunkte anwenden, die vor dem 06.07.2007 liegen.

7.3 Einführung einer Zinsschranke

Hatte der Gesetzgeber den Unternehmen bereits mit den Regelungen zur Gesellschafter-Fremdfinanzierung (§ 8a KStG a.F.) bereits eine kaum verständliche und nur schwierig handhabbare Vorschrift beschert,[375] so wird mit der Einführung einer sog. Zinsschranke (§ 4h EStG n.F., für KapG i.V.m. § 8a KStG n.F.) ein

---

371 Vgl. LOITZ 2007, S. 2049.
372 Vgl. FREIBERG 2007, S. 201f.
373 Vgl. LOITZ 2007, S. 2051.
374 Abschluss der PPA, finaler Ansatz der identifizierten immateriellen Vermögenswerte, *contigent liabilities* und Anpassung des Goodwill.
375 Zur Ineffizienz der Vorschrift vgl. HERZIG/BOHN 2007, S. 1.

weiteres Kapitel mit Tragweite hinzugetan.[376] Hier ist das Ziel einer Verbreiterung der Bemessungsgrundlage und damit die Sicherung der Steuereinnahmenbasis deutlich erkennbar. Im Ergebnis werden die dt. steuerlichen Rahmenbedingungen für die Unternehmensfinazierung in ihren Grundfesten verändert.[377]

Die Vorschrift zur Zinsschranke ist eine sehr komplexe Regelung mit hohem Steuerplanungs- und -gestaltungsaufwand. Sie verursacht eine generelle Beschränkung des steuerlichen Abzugs von Zinsaufwendungen mit der Möglichkeit zum „Zinsvortrag" und (unter bestimmten Voraussetzungen) dem Abzug in späteren Perioden. Sie greift nur für Zinsaufwendungen von mehr als einer Mio. Euro p.a., die Teil einer inländischen Gewinnermittlung sind. Dies beinhaltet jegliche Art von Zinsaufwendungen aus der Fremdfinanzierung (insb. auch durch Bankdarlehen und aus der Aufzinsung von unverzinslichem oder niedrig verzinslichem Fremdkapital; nicht jedoch Skonti und Boni). Durch die Zinsschranke soll der Betriebsausgabenabzug auf Ebene des zahlenden Unternehmens verhindert werden.

Die Methodik ist wie folgt vorgesehen. Im ersten Schritt wird nur einen Zinsabzug von bis zu 30 % des negativen Saldos aus Zinsaufwendungen und Zinserträgen bezogen auf den steuerpflichtigen Gewinn vor Zinsen und Abschreibungen (sog. steuerliches EBITDA) zugelassen. Darüber hinaus gehende Zinsaufwendungen sind im zweiten Schritt nur unbegrenzt abzugsfähig, wenn alternativ:

- die Zinsaufwendungen die Zinserträge um weniger als eine Mio. Euro überschreiten (Freigrenze nach § 4a Abs. 2 S. 1a EStG n.F.) oder

- der Betrieb nicht oder nur anteilsmäßig zu einem Konzern gehört und zusätzlich bei Kapitalgesellschaften keine schädliche Gesellschafter-Fremdfinanzierung (§ 8a Abs. 2 KStG n.F.) existiert oder

- die Escape-Klausel (§ 4h Abs. 2 S. 1c EStG) anwendbar ist.

---

[376] Das Thema wurde schon vor Gesetzesbeschluss und wird derzeit ausführlich in der Literatur diskutiert. Mehrheitlich erfolgt eine kritische Betrachtung, die die Norm sogar für verfassungswidrig (wegen Verletzung des objektiven Nettoprinzips) und/oder gegen das EU-Recht verstoßend hält; vgl. HENNRICHS 2007, S. 2101 m.w.N. und SPENGEL/REISTER 2007, S. 280.
[377] Vgl. RÖDDER 2007, S. 6.

Zu beachten ist hierbei, dass der neu eingeführte steuerliche Konzernbegriff von dem des HGB- und des IFRS-Konsolidierungskreises abweicht. Ausschlaggebend ist, dass die Geschäfts- und Finanzpolitik des Unternehmens mit einem oder mehreren anderen Unternehmen einheitlich bestimmt werden kann (Joint Ventures und assoziierte Unternehmen scheiden daher aus).[378]

Die Eigenkapitalquote ist das Kriterium für den unbeschränkten Abzug als Betriebsausgabe (Escape-Klausel). Zinsaufwendungen können in der Periode des Anfalls unbeschränkt als Betriebsausgabe abgezogen werden, wenn der (zu einem Konzern im steuerrechtlichen Sinn zählende) Betrieb nachweisen kann, dass seine Eigenkapitalquote am Schluss des vorangegangenen Abschlussstichtags in den IFRS-Abschlüssen[379] nur geringfügig (1 %-Regelung) die Konzern-Eigenkapitalquote unterschreitet.[380] Diese Klausel greift nur, wenn höchstens 10 % der Schuldzinsen an wesentlich beteiligte Anteilseigner, diesen nahe stehenden Personen oder an rückgriffsberechtigte Dritte gewährt werden (§ 8b Abs. 3 KStG).

Es wird ein Zinsvortrag eingeführt, d.h. Zinsaufwendungen, die dem o.g. Abzugsverbot unterliegen, sind auf die Folgejahre zeitlich unbefristet vorzutragen und erhöhen deren Zinsaufwendungen, nicht jedoch deren maßgeblichen Gewinn (§ 4h Abs. 1 S. 2 EStG). Die so vorgetragenen Zinsaufwendungen[381] sind in den kommenden Perioden hinsichtlich ihrer Abzugsfähigkeit nach den o.g. Vorgaben zu prüfen. Zu einem Untergang des Zinsvortrags (§ 4h Abs. 5 EStG, § 8a Abs. 1 S. 3 i.V.m § 8c KStG) kann es analog den durch das UntStRefG 2008 geänderten Vorschriften zum Verlustabzug kommen.[382]

---

[378] Zum erweiterten Konzernbegriff des § 4h EStG n.F. vgl. HENNRICHS 2007, S. 2101; LÜDENBACH/HOFFMANN 2007, S. 636f. Innerhalb von Organkreisen soll die Zinsschranke grds. keine Wirkung entfalten (§ 15 S. 1 Nr. 3 S. 1 KStG n.F.; BT-Drucks. 16/4841 S. 48), jedoch kann es auf Ebene des Organträgers zu ihrer Anwendung kommen. Zu den in diesen Fällen bestehenden Besonderheiten vgl. HERZIG/LIEKENBROCK 2007.

[379] HGB- und US-GAAP-Abschlüsse bzw. Konzernabschlüsse nach dem Handelsrecht anderer EU-Länder sind nur nachrangig zu betrachten. Hier wird erstmalig im deutschen Ertragsteuerrecht auf die IFRS referiert, vgl. HEINTGES/KAMPHAUS/LOITZ 2007, S. 1261. Zuvor gab es mit § 12 REITG (Gesetz über deutsche Immobilien-Aktiengesellschaften mit börsennotierten Anteilen - REIT-Gesetz v. 28.05.2007, BGBl. I S. 914) bereits einen erstmaligen Bezug des deutschen Steuerrechts auf die IFRS-Rechnungslegungsnormen (IAS 40).

[380] Zur Ermittlung der Eigenkapital-Quote des steuerlichen Konzerns und des einzelnen Betriebs vgl. HEINTGES/KAMPHAUS/LOITZ 2007, S. 1263f.; LÜDENBACH/HOFFMANN 2007, S. 638f.

[381] Der Zinsvortrag ist gesondert festzustellen gem. § 4h Abs. 4 EStG n.F. i.V.m. § 179 Abs. 1 AO u. § 10d Abs. 4 EStG.

[382] Vgl. Ausführungen im nachfolgenden Abschnitt.

Die effektive Steuerbelastung im IFRS-Abschluss ändert sich nicht, wenn auf den Zinsvortrag aktive latente Steuern gebildet werden. Denn der dadurch generierte Steuerertrag neutralisiert den zusätzlichen Steueraufwand aus der Zinsschranke.[383] Die Voraussetzungen für die Aktivierung latenter Steuern aus einem Zinsvortrag sind nach den Vorschriften des IAS 12.34 (*probable*) und IAS 12.35 (zukünftige positive Steuerbilanzergebnisse), d.h. analog dem Vorgehen bei steuerlichen Verlustvorträgen durchzuprüfen.[384]

Die steuerrechtliche Verrechnungsmöglichkeit von Zinsen als Betriebsausgabe in einer Periode, die der Erfassung als handelsrechtliche Zinsaufwendungen folgt, führt beim bilanzorientierten IFRS-Abgrenzungskonzept nicht zu temporären Differenzen i.S.d. IAS 12.24 aus Bilanzpostionen sondern zu temporären Differenzen aus Verlustvorträgen i.S.d. IAS 12.34. Denn aus Sicht der Steuerabgrenzung bestehen wesentliche Übereinstimmungen des Zinsvortrages aus der Zinsschranke mit Verlustvorträgen: die Realisation ist an rechtliche Voraussetzungen (hier: ausreichendes künftiges positives steuerliches EBITDA) gebunden, die zeitlich unbegrenzte Vortragsfähigkeit und die identischen Voraussetzungen für das Verfallen.[385]

Hinsichtlich einer Operationalisierung der Wahrscheinlichkeit der Realisierung künftiger Steuervorteile aus dem Zinsvortrag ergibt sich die Notwendigkeit, die u.a. für die potenzielle Verlustnutzung zu erstellende integrierte Unternehmens- und Steuerbilanzplanung mit einer hinreichend detaillierten Finanzierungs- bzw. Zins- und Eigenkapitalplanung zu verknüpfen. Dazu gehört auch eine Prognose der Entwicklung und Zusammensetzung des künftigen Anteilseignerbestandes, da sich hieraus erhebliche Auswirkungen ergeben können.[386] Weitere zusätzliche Anforderungen an das Tax Accounting ergeben sich aus den Interdependenzen zwischen Zinsschranke und Verlustabzugsbeschränkung (§ 10d Abs. 2 EStG, § 10a GewStG), da die Beschränkung des Zinsabzugs das Ergebnis vor Verlustabzug (ESt: Gesamtbetrag der Einkünfte; GewSt: maßgebender Gewerbeertrag) steigert. Der Verlustabzug richtet sich nach der Höhe des Ergebnisses vor Verlustabzug und somit führt eine Zinsabzugsbeschränkung grundsätzlich zu einem erhöhten Verlustabzug

---

[383] Vgl. HERZIG/BOHN 2007, S. 5; HEINTGES/KAMPHAUS/LOITZ 2007, S. 1265.
[384] Vgl. COENENBERG/HILLE, in: BAETGE IFRS-KOMM., IAS 12, Rn. 79.
[385] Vgl. KIRSCH 2007b, S. 239.
[386] Vgl. KIRSCH 2007b, S. 240f.

(sofern das steuerpflichtige Unternehmen über einen ausreichend großen Verlustvortrag verfügt). Im Ergebnis überwiegt per Saldo der Nachteil aus der Zinsabzugsbeschränkung den Vorteil aus dem erhöhten Verlustabzug.[387]

Auch wenn es planerisch zu identischen Annahmen und bestimmten Abhängigkeiten zwischen Zins- und Verlustvorträgen kommt, müssen beide Vorträge künftig separat voneinander berechnet und verfolgt werden.[388] Aktive Steuerabgrenzungen, die für den Zinsvortrag vorgenommen werden, haben direkte Auswirkungen auf die (Konzern-) Eigenkapitalquote im IFRS-Abschluss und dadurch u.U. wiederum auf die Abzugsfähigkeit des Zinsaufwandes als Betriebsausgabe (Escape-Klausel). Somit kommt es zu einer gegenseitigen Abhängigkeit von Steuer- und IFRS-Bilanz.[389]

7.4 Weitere Maßnahmen

Die bisherige Regelung zum Mantelkauf in § 8 Abs. 4 KStG wird durch § 8c KStG n.F. ersetzt, der für Anteilsübertragungen/Beteiligungstransaktionen nach dem 31.12.2007 gilt. Nunmehr ist der Anteilseignerwechsel das alleinige Kriterium für die Verlustabzugsbeschränkung. Innerhalb eines Zeitraums von fünf Jahren können schädliche Anteilsübertragungen in zwei Stufen vorliegen. Gehen Anteile oder Stimmrechte von mehr als 50 % an der Kapitalgesellschaft über, ist der Verlustabzug vollständig zu versagen. Gehen mehr als 25 % bis 50 % der Anteile über, ist ein quotaler Verlustuntergang in Höhe des schädlichen Erwerbs vorgesehen. Dies gilt ohne Ausnahme auch bei mittel- oder unmittelbaren Veräußerungen innerhalb eines Konzerns. Infolgedessen kommt der Überprüfung der Werthaltigkeit von aktiven latenten Steuern für noch nicht genutzte steuerliche Verlustvorträge eine deutlich erweiterte Aufgabenstellung zu als bisher. Gerade in großen Konzernverbunden ist es empfehlenswert, im Tax Accounting eine Prüfroutine vor jeglicher Transaktion durchlaufen zu lassen, um böse Überraschungen aus einer zu späten Entdeckung, z.B. durch die Betriebsprüfung, zu vermeiden.

Hinsichtlich der Änderungen im Bereich der Abschreibungen (steuerliche AfA) wird teilweise eine Annäherung zwischen Steuerrecht und IFRS erreicht. Mit dem Wegfall der degressiven AfA (Streichung des § 7 Abs. 2 EStG durch Art. 1 Nr. 10 UntStRefG 2008) nähern sich die noch zulässigen Abschreibungsmethoden weiter an. Nunmehr wird die Frage der Nutzungsdauern (AfA-Tabellen des BMF vs. IAS 16.57) in den

---

[387] Vgl. HERZIG/BOHN 2007, S. 5f.
[388] Vgl. HEINTGES/KAMPHAUS/LOITZ 2007, S. 1265; HERZIG/BOHN 2007, S. 8.
[389] Vgl. LÜDENBACH/HOFFMANN 2007, S. 641.

Vordergrund rücken. Die neu eingeführte Sammelpostenbildung mit fünfjähriger Abschreibungsdauer (§ 6 Abs. 2a EStG n.F.) für alle beweglichen Wirtschaftgüter mit Anschaffungs- oder Herstellungskosten zwischen 150 Euro und 1.000 Euro (statt der bisherigen Grenze für geringwertigen Wirtschaftsgüter von 410 Euro in § 6 Abs. 2 EStG a.F.) könnte u.U. aus Wesentlichkeitsgründen nicht zu Abweichungen führen. Das BilMoG sieht hier aus Vereinfachungsgründen eine zulässige Ausnahme (§ 252 Abs. 2 HGB), die sich binnen kürzester Zeit zu einem GoB entwickeln wird.[390] Dem sollte m.E. die IFRS-Bilanzierung folgen, es sei denn, im Einzelfall erscheint dies bewertungsseitig als nicht sachgerecht.

Durch Art. 7 des UntStRefG 2008 werden § 1 Abs. 1, 3 u. 4 AStG neu gefasst und bringen bisher in diversen Verwaltungsanweisungen dargelegte Regelungen zu den anzuwendenden Verrechnungspreisen und bei Funktionsverlagerungen in das Gesetz. Ziel ist die Sicherstellung der Besteuerung von in Deutschland geschaffenen Vermögenswerten, einschließlich immaterieller Vermögenswerte und Vorteile (Know-how, technisches Wissen, Markenrechte, Kundenstämme u.ä.).[391] Verwendet der Stpfl. einen Verrechnungspreis, der außerhalb der möglichen Bandbreite für das betreffende Wirtschaftsgut liegt, ist nunmehr i.d.R auf einen Medianwert der Bandbreite statt des bisherigen günstigsten Transferpreises zu korrigieren.[392] Werden das das Wirtschaftsgut ins Ausland transferierende Unternehmen und die es empfangende im Ausland ansässig nahe stehende Person in einen gemeinsamen IFRS-Konzernabschluss einbezogen, führt die einseitige Preis- bzw. Einkunftskorrektur seitens der dt. Finanzbehörden zu Differenzen. Wird im Ausland symmetrisch angepasst, was wegen der unterschiedlichen Regelungen eher unwahrscheinlich sein dürfte, ergeben sich temporäre Differenzen. Erfolgt keine Folgeanpassung bei der im Ausland ansässigen nahe stehenden Person, d.h. die restriktiveren dt. Regelungen in § 1 Abs. 3 S. 1-4 AStG werden nicht nachvollzogen, kommt es zu permanenten Differenzen.[393]

---

390 Vgl. BilMoG, Gesetzesbegründung, S. 72; a.A. WAGNER/STAATS 2007, S. 2398, die bzgl. der GWG-Sammelabschreibung ein grundsätzliches Auseinanderfallen von Handels- und Steuerbilanz voraussagen.

391 Vgl. BT 16/4841, S. 86.

392 Vgl. KIRSCH 2007a, S. 1270; zur Einengung der Bandbreite durch Anwendung der sog. Interquartilsmethode vgl. KESSLER/ORTMANN-BABEL/ZIPFEL 2007, S. 531.

393 Vgl. KIRSCH 2007a, S. 1270f.

Weitere permanente Differenzen können sich aus konzerninternen Funktionsverlagerungen von Dtld. in das Ausland ergeben, wenn abweichende Bewertungsgrundsätze zwischen den Ländern existieren. Dies resultiert aus § 1 Abs. 3 S. 9 AStG n.F., der im Fall einer Funktionsverlagerung mit Chancen und Risiken stets ein komplettes Transferpaket, bewertet nach dem Fremdvergleichsgrundsatz, als abgehend ansetzt. Würde der ausländische Staat dem dt. Wertansatz folgen, ergäben sich lediglich temporäre Differenzen aus Steuersatzunterschieden. Mit dem Recht der nachträglichen Korrektur von ursprünglich „richtigen" Verrechnungspreisen innerhalb von zehn Jahren (§ 1 Abs. 3 S. 11f. AStG n.F.) schafft der dt. Gesetzgeber ein neues Rechtsinstitut des internationalen Steuerrechts, dessen internationale Anerkennung zweifelhaft sein dürfte[394] und bei der Bewertung der bilanziellen Steuerpositionen zusätzliche Unsicherheit mit sich bringt.

Aus den neuen gesetzlichen Regelungen zu Verrechnungspreisen im AStG sind daher für stark international diversifizierte Konzerne erhebliche Auswirkungen auf die Steuerbelastung bzw. -abgrenzung zu erwarten.

---

[394] Vgl. RÖDDER 2007, S. 17.

8 Zusammenfassende Betrachtung

Analysten und Management orientieren sich bei der Erfolgsbeurteilung von Unternehmen stark an Wertschöpfungsbeiträgen und Ergebnissen vor Steuern. Bei Anlegern hingegen ist das Interesse an Nachsteuerergebnissen ausgeprägter. Da IFRS-Abschlüsse weder Grundlage der Steuerbemessung noch der Ausschüttung sind, braucht es eine Darstellung der zu erwartenden steuerlichen Belastung des Unternehmens. Mit IAS 12 existiert ein Standard, der durch das bilanzorientierte Temporary-Konzept und die Liability-Methode eine gute Beurteilung der Steuerpositionen ermöglichen kann. Voraussetzung ist neben der sorgfältigen Entwicklung der Differenzen zwischen IFRS- und Steuerbilanz eine fundierte Bewertung der aktiven latenten Steuern. Hierfür sind die vorhandenen Grundsätze noch zu allgemein und eröffnen größere Bewertungsspielräume für die Bilanzpolitik. Insbesondere der Umgang mit Risiken aus einer künftigen Betriebsprüfung ist, im Unterschied zu den US-GAAP, nicht hinreichend niedergelegt.

Die Zwischenberichterstattung erhält in Deutschland mit dem Transparenzrichtlinie-Umsetzungsgesetz eine deutlich größere Bedeutung. Den Anforderungen der Kapitalmärkte nach kurzfristigen und belastbaren Informationen wird damit Rechnung getragen. Ertragsteuern sind Jahressteuern und daher unterjährig nur behelfsweise informatorisch zu ermitteln. Bezüglich der Steuerabgrenzung in Zwischenabschlüssen weicht IAS 34 von seinem Grundprinzip der Anwendung gleicher Bilanzierungs- und Bewertungsmethoden wie im Jahresabschluss klar ab. Für die Darstellung der unterjährigen Ertragsteuerbelastung ist ein durchschnittlicher gewichteter erwarteter effektiver Steuersatz zu berechnen. Hierfür existieren keinerlei Vorschriften sondern lediglich im Appendix B zu IAS 34 einige Anwendungsbeispiele, aus denen weitestgehend auf die methodischen Grundsätze geschlossen werden kann. Der erforderliche Genauigkeits- und Detaillierungsgrad lässt sich nur schwer herleiten.

Bei der Umsetzung des IAS 34 bezüglich der Ertragsteuern sind in der Bilanzierungspraxis erhebliche Unterschiede zu beobachten. Oftmals wird mit nicht standardkonformen Pauschalierungen und Schätzungen versucht, einen „plausiblen" unterjährigen Steueraufwand abzubilden und gleichzeitig die Steuerquote zu glätten. Der Standardsetter ist aufgefordert, weiterführende Grundsätze für die Bilanzierung von Ertragsteuern in der Zwischenberichterstattung zu formulieren, um so für mehr Anwendungssicherheit und eine verbesserte Vergleichbarkeit zu sorgen.

Quellenverzeichnis

i. Verzeichnis der Kommentare und Handbücher

ADS 2000	Adler, H./Düring, W./Schmaltz, K.: Rechnungslegung und Prüfung der Unternehmen. Kommentar zum HGB, AktG, GmbHG, PublG nach den Vorschriften des Bilanzrichtlinien-Gesetzes, 6. Aufl., neu bearbeitet von Forster, K.H./ Goerdeler, R./Lanfermann, J./Müller, H.P./Siepe, G./Stolberg, K., Stuttgart 2000.
ADS International	Adler, H./Düring, W./Schmaltz, K.: Rechnungslegung nach Internationalen Standards, bearbeitet von Gelhausen, H.F./Pape, J./Schruff, W./Stolberg, K., Stuttgart 2002, Loseblatt Stand 5. Teillieferung, Dezember 2006.
Baetge/Kirsch/Thiele Bilanzrecht	Baetge, J./Kirsch, H.-J./Thiele, S. (Hrsg.): Bilanzrecht. Handelsrecht mit Steuerrecht und den Regelungen des IASB, Kommentar, Loseblatt, Stand: 19. Erg.lfg. Edition 3.2007, Bonn/Berlin 2002.
Baetge IFRS-Komm.	Baetge, J./Wollmert, P./Kirsch, H.-J./Oser, P./Bischof, S. (Hrsg.): Rechnungslegung nach IFRS – Kommentar auf der Grundlage des deutschen Bilanzrechts, Loseblatt, Stand: 4. Erg.lfg., Stuttgart Juni 2007.
HWRP 2002	Ballwieser, Wolfgang/Coenberg, Adolf G./von Wysocki, Klaus (Hrsg.): Handwörterbuch der Rechnungslegung und Prüfung (HWRP), 3. Aufl. Stuttgart 2002.
Beck BilKomm. 2006	Ellrot, H./ Förschle, G./Hoyos, H./Winkeljohann, N. (Hrsg.): Beck'scher Bilanzkommentar Handelsbilanz Steuerbilanz, 6. Aufl., München 2006.
Beck IFRS-HB 2006	Bohl, W./Riese, J./Schlüter, J. (Hrsg.): Beck'sches IFRS-Handbuch Kommentierung der IAS/IFRS, 2. Aufl., München 2006.
Haufe IFRS-Komm. 2007	Lüdenbach, N./Hoffmann, W.-D.: Haufe IFRS-Kommentar, 5. Aufl., Freiburg i. Br. 2007.
IFRS-HB 2007	Heuser, P. J./Pawelzik, K. U./Theile, C.: IFRS Handbuch Einzel- und Konzernabschluss, 3. Aufl., Köln 2007.

MÖSSNER U.A. (HRSG.) 2005 | Mössner, J. u.a. (Hrsg.): Steuerrecht international tätiger Unternehmen. Handbuch der Besteuerung von Auslandsaktivitäten inländischer Unternehmen und von Inlandsaktivitäten ausländischer Unternehmen, 3. Aufl., Köln 2005.

SCHMIDT (HRSG.) 2006 | Schmidt, L. (Hrsg.): Einkommensteuergesetz, 25. Aufl., München 2006.

VAHLEN AUDITING LEXIKON | Freidank, C.-Chr./Lachnit, L./Tesch, J. (Hrsg.): Vahlens Großes Auditing Lexikon, München 2007.

WILEY IFRS-KOMM. 2007 | Ballwieser, W./Beine, F./Hayn, S./Peemöller, V. H./ Schruff, L./Weber, C.-P. (Hrsg.): Wiley-Kommentar zur internationalen Rechnungslegung nach IFRS 2007, 3. Aufl., Weinheim 2007.

WP HB I 2006 | IDW (Hrsg.): WP Handbuch 2006. Wirtschaftsprüfung, Rechnungslegung, Beratung, Band I, 13. Aufl., Düsseldorf 2006.

ii Verzeichnis der Aufsätze und Monographien

ACHLEITNER/BEHR 2000 | Achleitner, A.-K./Behr, G.: International Accounting Standards. Ein Lehrbuch zur internationalen Rechnungslegung, 2. Aufl., München 2000.

AK DVFA 2003 | Arbeitskreis DVFA/Schmalenbach-Gesellschaft e.V., Empfehlungen zur Ermittlung prognosefähiger Ergebnisse, in: DB 2003, S. 1913-1917.

ALVAREZ 2006 | Alvarez, M.: Unterjährige Erfolgsermittlung nach IFRS. Anwendungsfragen jenseits von IFRIC 10 „Zwischenberichterstattung und Wertminderung“, in: PIR 2006, S. 221-227.

ALVAREZ/WOTSCHOFSKY 2000a | Alvarez, M./Wotschofsky, S.: Zwischenberichterstattung in der Praxis – Eine empirische Analyse der DAX100-Unternehmen, in: WPg 2000, S. 310-319.

ALVAREZ/WOTSCHOFSKY 2000b | Alvarez, M.: Zur Bedeutung der Zwischenberichtspublizität, in: DStR 2000, S. 1789-1796.

ALVAREZ/WOTSCHOFSKY 2003	Alvarez, M./Wotschofsky, S.: Zwischenberichterstattung nach Börsenrecht/DRS, IAS und US-GAAP, 2. Aufl., Berlin 2003.
ARIANS 2000	Arians, G.: Das Kozept der handelsrechtlichen Steuerabgrenzung im Überblick, in: StuB 2000, S. 290-297.
BAETGE/HEUMANN 2006	Baetge, J./Heumann, R.: Wertorientierte Berichterstattung, in: DB 2006, S. 345-350.
BAETGE/KIRSCH/THIELE 2000	Baetge, J./Kirsch, H.-J./Thiele, S.: Konzernbilanzen, 7. Aufl., Düsseldorf 2004.
BECK 2005	Beck, M.: Anwendung der IFRS im Rahmen der Zwischenberichterstattung nach § 40 BörsG verpflichtend?, in: DB 2005, S. 1477-1479.
BEINE 1995	Beine, F.: Bedeutung von Steuersatzänderungen für die Bildung latenter Steuern im Einzel- und Konzernabschluß, in: DStR 1995, S. 542-547.
BERGER 2006	Berger, A.: Was der DPR aufgefallen ist: Ermessensspielraum und die Bilanzierung latenter Steuern auf Verlustvorträge, in: DB 2006, S. 2473-2474.
BERGER/HAUCK/PRINZ 2007	Berger, A./Hauck, A./Prinz, U.: Bilanzierung latenter Steuern auf steuerliche Verlustvorträge nach IAS 12 – Streitiger Prognosezeitraum zur Verlustverrechnung, in: DB 2007, S. 412-415.
BORN 2007	Born, K.: Rechnungslegung international – IAS/IFRS im Vergleich mit HGB und US-GAAP, 5. Aufl., Stuttgart 2007.
BRIDTS 1990	Bridts, C.: Zwischenberichtspublizität, Düsseldorf 1990, zitiert in: ALVAREZ/WOTSCHOFSKY 2003, S. 100.
BUSSE VON COLBE 2000	Busse von Colbe, W.: Zwischenberichterstattung nach E-DRS 6, in: BB 2000, S. 2194-2196.
BUSSE VON COLBE 2004	Busse von Colbe, W.: Anpassung der Konzernrechnungslegungsvorschriften des HGB an internationale Entwicklungen, in: BB 2004, S. 2063-2070.
COENENBERG 2005	Coenenberg, A. G.: Jahresabschluss und Jahresabschlussanalyse, 20. Aufl., Stuttgart 2005.

COENENBERG/HILLE 1997	Coenenberg A.G./Hille K.: Latente Steuern nach der neu gefaßten Richtlinie IAS 12, in: DB 1997, S. 537-544.
D'ARCY/GRABENSBERGER 2001	d'Arcy, A./Grabensberger, S.: Die Qualität von Quartalsberichten am Neuen Markt – Eine empirische Untersuchung, in: WPg 2001, S. 1468-1479.
DAHLKE 2006	Dahlke, J.: Vergleich der Bilanzierung tatsächlicher Steuern nach HGB und nach IAS 12, in: KoR 2006, S. 579-589.
DAHLKE 2007	Dahlke, J.: Steuerpositionen im Zwischenabschluss nach IAS 34 – Auswirkungen der Unternehmensteuerreform 2008, in: BB 2007, S. 1831-1838.
DAHLKE/EITZEN 2003	Dahlke, J./Eitzen, B. v.: Steuerliche Überleitungsrechnung im Rahmen der Bilanzierung latenter Steuern nach IAS 12, in: DB 2003, S. 2237-2243.
EITZEN/DAHLKE/KROMER 2005	Eitzen, B. v./Dahlke, J./Kromer, Chr.: Auswirkungen des IFRS 3 auf die Bilanzierung latenter Steuern aus Unternehmenszusammenschlüssen, in: DB 2005, S. 509-513.
EITZEN/HELMS 2002	Eitzen, B. v./Helms, S.: Aktive latente Steuern auf steuerliche Verlustvorträge nach US-GAAP – Anwendungsbesonderheiten für deutsche Unternehmen, in: BB 2002, S. 823-828.
ERNSTING 2000	Ernsting, I.: Behandlung von Ertragsteuern im Quartalsabschluss nach US-GAAP, in: DB 2000, S. 2537-2541.
ERNSTING/LOITZ 2004	Ernsting, I./Loitz, R.: Zur Bilanzierung latenter Steuern bei Personengesellschaften nach IAS, in: DB 2004, S. 1053-1060.
FASB 1978	FASB (Hrsg.): Interim Financial Accounting and Reporting (FASB-Discussion Memorandum), Stamford/Connecticut, 1978
FAZ 2007	O.A.: Steuerreform lässt Gewinne schon jetzt steigen, in: FAZ v. 20.11.2007, S. 11.
FISCHER 2002	Fischer, W.: Bilanzierung von latenten Steuern (deferred taxes) nach IAS 12 (rev. 2000), in: BBK 2002, S. 885-895 (Teil A) u. S. 949-953 (Teil B).

FISCHER/KLEINEIDAM/WARNEKE 2005	Fischer, L./Kleineidam, H.-J./Warneke, P.: Internationale Betriebswirtschaftliche Steuerlehre, 5. Aufl., Berlin 2005.
FÖRSCHLE/KRONER 1996	Förschle, G./Kroner, M.: International Accounting Standards: Offene Fragen zur künftigen Steuerabgrenzung, in: DB 1996, S. 1633-1639.
FREIBERG 2007	Freiberg, J.: Auswirkung der Unternehmensteuerreform auf Halbjahres- und Quartalsberichte, in: PIR 2007, S. 200-202.
FREIDANK/VELTE 2007	Freidank, C.-Chr./Velte, P.: Rechnungslegung und Rechnungslegungspolitik, Stuttgart 2007.
FROTSCHER 2005	Frotscher, G.: Internationales Steuerrecht, 2. Aufl., München 2005.
FÜLLBIER 2006	Füllbier, R. U.: Konzernbesteuerung nach IFRS. IFRS-Konsolidierungsregeln als Ausgangspunkt einer konsolidierten steuerlichen Gewinnermittlung in der EU?, Frankfurt am Main 2006.
GÖHNER/BREITWEG 2002	Göhner, F./Breitweg, J.: Die Zwischenberichterstattung als Element einer kapitalmarktorientierten Rechnungslegung, in: BBK 2002, S. 355-363.
GRÄBSCH 2002	Gräbsch, I.: Bilanzierung latenter Steuern im Konzernabschluss nach DRS 10, in: StuB 2002, S. 743-750.
GROTHERR (HRSG.) 2003	Grotherr, S. (Hrsg.): Handbuch der internationalen Steuerplanung, 2. Aufl., Herne/Berlin 2003.
HANNEMANN/PFEFFERMANN 2003	Hannemann, S./Pfeffermann, P.: IAS-Konzernsteuerquote: Begrenzte Aussagekraft für die steuerliche Performance eines Konzerns, in: BB 2003, S.727-734.
HARTMANN 2006	Hartmann, J. H.: Latente Steuern in IFRS-Konzernbilanzen. Die Anwendung des IAS 12 unter Berücksichtigung des deutschen Ertragsteuerrechts, Marburg 2006.

HAYN/WALDERSEE 2004 — Hayn, S./Graf Waldersee, G.: IFRS/US-GAAP/HGB im Vergleich. Synoptische Darstellung für den Einzel- und Konzernabschluss, 5. Aufl., Stuttgart 2004.

HEINTGES 2006 — Heintges, S.: Entwicklung der Rechnungslegung nach internationalen Vorschriften – Kosequenzen für deutsche Unternehmen, in: DB 2006, S. 1569-1576.

HEINTGES 2007 — Heintges, S.: IFRS enthüllen mehr, in: FAZ, 30.07.2007, S. 16.

HEINTGES/KAMPHAUS/LOITZ 2007 — Heintges, S./Kamphaus, Chr./Loitz, R.: Jahresabschluss nach IFRS und Zinsschranke, in: DB 2007, S. 1261-1266.

HENNRICHS 2007 — Hennrichs, J.: Zinsschranke, Eigenkapitalvergleich ind IFRS, in: DB 2007, S. 2101-2107.

HERZIG 2003 — Herzig, N.: Gestaltung der Körperschaftsteuerquote - Eine neue Herausforderung für die Steuerberatung?, in: WPg 2003, Sonderheft, S. 80-92.

HERZIG/BOHN 2007 — Herzig, N./Bohn, A.: Modifizierte Zinsschranke und Unternehmensfinanzierung, in: DB 2007, S. 1-10.

HERZIG/DEMPFLE 2002 — Herzig, N./Dempfle, U.: Konzernsteuerquote, betriebliche Steuerpolitik und Steuerwettbewerb, in: DB 2002, S. 1-8.

HERZIG/LIEKENBROCK 2007 — Herzig, N./Liekenbrock, B.: Zinsschranke im Organkreis, in: DB 2007 S. 2387-2395.

HEURUNG 2000 — Heurung, H.: Steuerabgrenzung nach dem Temporary Differences-Konzept im befreienden Konzernabschluss, in: BB 2000, S. 1340-1347.

HEURUNG/KURTZ 2000 — Heurung, H./Kurtz, M.: Latente Steuern nach dem Temporary Differences-Konzept: Ausgewählte Problembereiche, in: DB 2000, S. 1775-1780.

HEUSER/THEILE/PAWELZIK 2006 — Heuser, P./Theile, C./Pawelzik, K.: Die Auswirkungen von Betriebsprüfungen auf IFRS-Abschlüsse, in: DStR 2006, S. 717-720.

HEYD/KEITZ (HRSG.) 2007 — Heyd, R./Keitz, I. v.(Hrsg.):IFRS-Management, München 2007.

JACOBS (HRSG.) 2007 — Jacobs, O. H. u.a. (Hrsg.): Internationale Unternehmensbesteuerung - Deutsche Investitionen im Ausland. Ausländische Investitionen im Inland, 6. Aufl., München 2007.

KEITZ 2005 — Keitz, I. v.: Praxis der IASB-Rechnungslegung. Best practice von 100 IFRS-Anwendern, 2. Aufl., Stuttgart 2005.

KESSLER/KRÖNER/KÖHLER (HRSG.) 2004 — Kessler, W./Kröner, M./Köhler, S. (Hrsg.): Konzernsteuerrecht. Organisation-Recht-Steuern, München 2004.

KESSLER/ORTMANN-BABEL/ZIPFEL 2007 — Kessler, W./Ortmann-Babel, M./Zipfel,L.: Unternehmensteuerreform 2008: Die geplanten Änderungen im Überblick, in: BB 2007, S. 523-534.

KILGERT/GROßMANN 1990 — Kilgert, T./Großmann, P: Der Zwischenbericht - Eine neuartige Form der Rechnungslegung für börsennotierte Unternehmen, in: WPg 1990, S. 189-197.

KIRSCH 2002 — Umstrukturierung der Finanzbuchhaltung durch Internationalisierung des externen Rechnungswesens, in: BB 2002, S. 2219-2225.

KIRSCH 2003a — Kirsch, H.: Einfluss unternehmerischer Prognosen und Planungen auf den IAS-Jahresabschluss, in: StuB 2003, S. 241-247.

KIRSCH 2003b — Kirsch, H.: Steuerliche Berichterstattung im Jahresabschluss nach IAS/IFRS, in: DStR 2003, S. 703-708.

KIRSCH 2005a — Kirsch, H.: Ausgestaltung des Informationsmanagements zur Erstellung des IFRS-Abschlusses, in: BB 2005, S. 1155-1160.

KIRSCH 2005b — Kirsch, H.: Die Steuerabteilung als Informationslieferant für den IFRS-Abschluss, in: DStR 2005, S. 1418-1423.

KIRSCH 2007a — Kirsch, H.: Auswirkungen der Unternehmensteuerreform 2008 auf die Bilanzierung und Bewertung latenter Steuern nach IAS 12, in: DStR 2007, S. 1268-1273.

KIRSCH 2007b Kirsch, H.: Aktive latente Steuern aus Zins- und Verlustvorträgen nach dem Unternehmensteuerreformgesetz 2008, in: PIR 2007, S. 237-242.

KIRSCH 2007c Kirsch, H.: Bilanzpolitik, in: : nwb steuerXpert-info-Center, NWB DokID LAAAC-45532, Stand Juli 2007.

KLEIN 2001 Klein, O.: Die Bilanzierung latenter Steuern nach HGB, IAS und US-GAAP im Vergleich, in: DStR 2001, S. 1450-1456.

KNORR 2001 Knorr, L.: Zwischenberichterstattung, in: BFuP 2001, S. 1-6.

KPMG 2004 KPMG Deutsche Treuhand-Gesellschaft Aktiengesellschaft Wirtschaftsprüfungsgesellschaft (Hrsg.): International Financial Reporting Standards, Einführung in die Rechnungslegung nach den Grundsätzen des IASB, 3. Aufl., Stuttgart 2004.

KPMG 2006 KPMG Deutsche Treuhand-Gesellschaft Aktiengesellschaft Wirtschaftsprüfungsgesellschaft (Hrsg.): US-GAAP – Rechnungslegung nach US-amerikanischen Grundsätzen Grundlagen der US-GAAP und SEC-Vorschriften, 4. Aufl., Berlin 2006.

KÜTING/KEßLER 2007 Küting, K./Keßler, M.: Der Fehler bei der Fehlersuche. Die Deutsche Prüfstelle für Rechnungslegung (DPR) und ihre schwierige Aufgabe mit der internationalen Rechnungs-legung, in: FAZ v. 22.10.2007, S. 24.

KÜTING/WEBER 2006 Küting, K./Weber, C.-P.: Die Bilanzanalyse – Beurteilung von Abschlüssen nach HGB und IFRS, 8. Aufl., Stuttgart 2006.

KÜTING/WIRTH 2003 Küting, K./Wirth, J.: Latente Steuern und Kapitalkonsolidierung nach IAS/IFRS, in: BB 2003, S. 623-629.

KÜTING/ZWIRNER 2003 Küting, K./Zwirner, Chr.: Latente Steuern in der Unternehmenspraxis, in: WPg 2003, S. 301-316.

KÜTING/ZWIRNER 2005 Küting, K./Zwirner, Chr.: Zunehmende Bedeutung und Indikationsfunktion latenter Steuern in der Unternehmenspraxis, in: BB 2005, S. 1553-1562.

KÜTING/ZWIRNER 2007 Küting, K./Zwirner, Chr.: Abgrenzung latenter Steuern nach IFRS in der Bilanzierungspraxis in Deutschland: Dominanz der steuerlichen Verlustvorträge, in: WPg 2007, S. 555-562.

LANGENBUCHER 2005 Langenbucher, G.: Latente Steuern – ein wesentliches Problem bei der Umstellung auf und Anwendung der IFRS; in: BB 2005, Beilage 3 zu Heft 20, S. 23-26.

LIENAU 2006 Lienau, A.: Bilanzierung latenter Steuern im Konzernabschluss nach IFRS, Düsseldorf 2006.

LIENAU/ERDMANN/ZÜLCH 2007 Lienau, A., Erdmann, M.-K., Zülch, H.: Bilanzierung latenter Steuern auf Verlustvorträge nach IAS 12, in: DStR 2007, S. 1094-1097.

LIENAU/ZÜLCH 2006 Lienau, A./Zülch, H.: Geplante Änderungen des IAS 12 (Income Taxes) im Rahmen des Short Term Convergence Project, in: PIR 2006, S. 265-266.

LOITZ 2003 Loitz, R.: Latente Steuern und steuerliche Überleitungsrechnung bei der Umstellung auf IAS/IFRS, in: KoR 2003, S. 516-522.

LOITZ 2004 Loitz, R.: Latente Steuern und steuerliche Überleitungsrechnung – Unterschiede zwischen IAS/IFRS und US-GAAP, in: WPg 2004, S. 1177-1194.

LOITZ 2005 Loitz, R.: Ergebnisüberraschungen aus Bilanzierung latenter Steuern, in: Börsen-Zeitung, 24.11.2005, S. 13.

LOITZ 2006 Loitz, R.: Quartalsberichterstattung für Ertragsteuern nach IFRS, in: DStR 2006, S. 388-391 (Teil I) u. S. 439-443 (Teil II)

LOITZ 2007 Loitz, R.: Erfassung von Steuersatzänderungen in der Zwischenberichterstattung nach IAS 34, in: DB 2007, S. 2048-2052.

LOITZ/RÖSSEL 2002 Loitz, R./Rössel, C.: Die Diskontierung latenter Steuern, in: DB 2002, S. 645-651.

LÜDENBACH 2007 | Lüdenbach, N.: Mengen- und Preiskomponente bei der Zwischenberichterstattung, in: PIR 2007, S. 56-59.

LÜDENBACH/HOFFMANN 2007 | Lüdenbach, N./Hoffmann, W.-D.: Der IFRS-Konzernabschluss als Bestandteil der Steuerbemessungsgrundlage für die Zinsschranke nach § 4h EStG-E, in: DStR 2007, S. 636-642.

LÜHN 2007 | Lühn, A.: Der Einfluss latenter Steuern auf die Steuerplanung, in: KoR 2007, S. 550-560.

MAMMEN 2007 | Mammen, A.: Der Einfluss der Steuerlatenz auf die Konzernsteuerquote, in: PIR 2007, S. 105-110.

MARTEN/WEISER/KÖHLER 2003 | Marten, K.-U., Weiser F. M./Köhler A. G.: Aktive latente Steuern auf steuerliche Verlustvorträge: zunehmende Tendenz zur Aktivierung, in; BB 2003, S. 2335-2341.

MEURER 2006 | Meurer, H.: Aktive latente Steuern auf steuerliche Verlustvorträge im Rahmen der Kaufpreisallokation nach IFRS, in: PIR 2006, S.76-77.

MÜLLER 2002 | Müller, R.: Die Konzernsteuerquote – Modephänomen oder ernst zu nehmende neue Kennziffer?, in: DStR 2002, S. 1684-1688.

MÜLLER/STUTE 2006 | Müller, S./Stute, A.: Ausgestaltung der unterjährigen Berichterstattung deutscher Unternehmen: E-DRS 21 im Vergleich mit nationalen und internationalen Regelungen, in: BB 2006, S. 2803-2810.

PELLENS 1999 | Pellens, B.: Internationale Rechnungslegung, 3. Aufl., Stuttgart 1999.

PHILIPPS 2007 | Philipps, H.: Halbjahresfinanzberichterstattung nach dem WpHG, in: DB 2007, S. 2326-2332.

PWC 2005 | PricewaterhouseCoopers AG Wirtschaftsprüfungsgesellschaft: Deferred Tax Management - Organisatorische Herausforderung durch die Bilanzierung nach internationalen Rechnungslegungsstandards, Frankfurt am Main, September 2005.

PwC 2007a — PricewaterhouseCoopers AG Wirtschaftsprüfungsgesellschaft: Latente Steueransprüche für steuerliche Verlustvorträge, Handout zum Vortrag von Groove, Chr., gehalten auf dem 7. IFRS-Expertenforum, Frankfurt am Main 25./26.09.2007.

RABENECK/REICHERT 2002 — Rabeneck, J./Reichert, G.: Latente Steuern im Einzelabschluss, in; DStR 2002, S. 1366-1372 (Teil I) u. S. 1409-1416 (Teil II).

RIC2007 — DRSC-Pressemitteilung vom 20.06.2007: RIC-News zum Zeitpunkt der Berücksichtigung des Unternehmensteuerreformgestzes 2008 für die Bewertung von Steueransprüchen und Steuerschulden, in: DB v. 29.06.2007.

RÖDDER 2007 — Rödder, T.: Unternehmensteuerreformgesetz 2008, in: Beihefter zu DStR 2007 Heft 40, S. 2-19.

RUHNKE/NERLICH 2004 — Ruhnke, K./Nerlich, Chr.: Behandlung von Regelungslücken innerhalb der IFRS, in: DB 2004, S. 389-395.

SCHADEN/KÄSHAMMER 2007a — Schaden, M./Käshammer, D.: Die Neuregelung des § 8a KStG im Rahmen der Zinsschranke, in: BB 2007, S. 2259-2266.

SCHADEN/KÄSHAMMER 2007b — Schaden, M./Käshammer, D.: Der Zinsvortrag im Rahmen der Regelungen zur Zinsschranke, in: BB 2007, S. 2317-2323.

SCHILDBACH 2000 — Schildbach, T.: US-GAAP. Amerikanische Rechnungslegung und ihre Grundlagen, München 2000.

SCHMIDBAUER 2001 — Schmidbauer, R.: Die Bilanzierung latenter Steuern nach HGB unter Berücksichtigung von E-DRS 12 sowie nach IAS auf Basis der Änderungen von Steuergesetzen, in: DB 2001, S. 1569-1576.

SCHÖN 2004 — Schön, W.: Kompetenzen der Gerichte zur Auslegung von IAS/IRFS, in: BB 2004, S. 763-768.

SPENGEL/REISTER 2007 — Spengel, Chr./Reister, T.: Unternehmensteuerreform 2008: Bewertung und steuerplanerische Konsequenzen des Gesetzes, in: SR 2007, S. 279-283.

STRIEDER/AMMENDICK 2007	Strieder, T./Ammendick, O.: Der Zwischenlagebericht als neues Instrument der Zwischenberichterstattung, in: DB 2007, S. 1368-1372.
STRUNK 2007	Strunk, G.: Geheimnisverrat einmal anders, in: Stbg, Heft 8/2007, Editorial, S. M1.
THEILE/BORNSCHEIN 2005	Theile, C./Bornschein, R.: Latente Steuern im HGB-Konzernabschluss nach DRS 10, BBK 2005, S. 165-174.
TIPKE/LANG 2005	Tipke, K./Lang, J. u.a.: Steuerrecht, 18. Aufl., Köln 2005.
WAGENHOFER 2005	Wagenhofer, A.: Internationale Rechnungslegungsstandards – IAS / IFRS, 5. Aufl., Frankfurt 2005.
WAGNER/STAATS 2007	Wagner, J./Staats, W.: Die Behandlung geringwertiger Wirtschaftsgüter im Handels-, Steuer- und Investitionszulagenrecht nach dem Unternehmensteuerreformgesetz 2008, in: DB 2007, S. 2395-2398.
WATRIN/WITTKOWSKI/STROHM 2007	Watrin, Chr./Wittkowski, A./Strohm, Chr.: Auswirkungen der Unternehmensteuerreform 2008 auf die Besteuerung von Kapitalgesellschaften, in: GmbHR 2007, S. 785-793.
WEIßENBERGER/BEHRENDT 2006	Weißenberger, B./Behrendt, A.: Latente Steuern im Konzern: auslösende Tatbestände im Rahmen einer informationsorientierten Gestaltung des HGB-Abschlusses, in: BB 2006, S. 931-938.
WIECHERS 2007	Wiechers, K.: Zwischenberichterstattung nach E-DRS 16. Neue Vorschriften für börsennotierte Unternehmen, in: StuB 2007, S. 270-273.
WOTSCHOFSKY/HELLER 2002	Wotschofsky, S./Heller, S.: Latente Steuern im Konzernabschluss, in: IStR 2002, S. 819-824.
ZIELKE 2006	Zielke, R.: Internationale Steuerplanung zur Optimierung der Konzernsteuerquote, in: DB 2006, S. 2585-2594.
ZÜLCH 2007	Zülch, H.: Zwischenberichterstattung, in: nwb steuerXpert-infoCenter, NWB DokID CAAAC-32095, Stand April 2007.

ZÜLCH/FISCHER 2007	Zülch, H./Fischer, D.: Das Joint Financial Statement Project von IASB und FASB – Arbeitsergebnisse und mögliche Auswirkungen, in: DB 2007, S. 1765-1770.
ZWIRNER/BUSCH/REUTER 2003	Zwirner, Chr./Busch, J./Reuter, M.: Abbildung und Bedeutung von Verlusten im Jahresabschluss – Empirische Ergebnisse zur Wesentlichkeit von Verlustvorträgen in deutschen Konzernabschlüssen, in: DStR 2003, S. 1042-1049.
ZYPRIES 2007	Bundesjustizministerin Brigitte Zypris im Interview zum BilMoG-Entwurf, in: FAZ v. 16.10.2007, S. 13.

iii. Verzeichnis der Gesetze und Verwaltungsanweisungen

AO	Abgabenordnung i.d.F.d. Bekanntmachung v. 01.10.2002 (BGBl. I S. 3866; 2003 I S. 61), z.g.d. Art. 5 d.G. v. 7.09. 2007 (BGBl. I S. 2246).
BGB	Bürgerliches Gesetzbuch i.d.F.d. Bekanntmachung v. 02.01.2002 (BGBl. I S. 42, 2909; 2003 I S. 738), z.g.d. Art. 2 Abs. 16 d.G.v. 19.02.2007 (BGBl. I S. 122).
BilReG	Gesetz zur Einführung internationaler Rechnungslegungsstandards und zur Sicherung der Qualität der Abschlussprüfung – Bilanzrechtsreformgesetz v. 09.12.2004, BGBl. I 2004, 3166.
BörsG	Börsengesetz v. 21.06.2002 (BGBl. I S. 2010), z.g.d. Art. 3 d.G.v. 05.01.2007 (BGBl. I S. 10).
BörsZulV	Börsenzulassungs-Verordnung i.d.F.d. Bekanntmachung v. 09.09.1998 (BGBl. I S. 2832), z.g.d. Art. 9 d.G.v. 16.07.2007 (BGBl. I S. 1330).
EGHGB	Einführungsgesetz zum Handelsgesetzbuche vom 10.05.1897 in der im BGBl. III,Gliederungsnr. 4101-1, veröffentlichten bereinigten Fassung, z.g.d. Art. 6 d.G.v. 05.01.2007 (BGBl. I S. 10).
EStDV	Einkommensteuer-Durchführungsverordnung i.d.F.v. 10.05.2000, BGBl. I S. 717, z.g.d. Art. 2 d.G.v. 07.12.2006 (BGBl. I S. 2782).

EStG	Einkommensteuergesetz i.d.F.d. Bekanntmachung v. 19.10.2002 (BGBl. I S. 4210; 2003 I S. 179), z.g.d. Art. 1 d.G.v. 14.08.2007 (BGBl. I S. 1912).
EStR	Einkommensteuer-Richtlinien 2005 (EStR 2005) i.d.F.v. 16.12.2005 (BStBl. 2005 I Sondernummer 1) inkl. den EStH 2006 i.d.F.d. Amtlichen Einkommensteuer-Handbuches 2006 des BMF.
GewStG	Gewerbesteuergesetz i.d.F.d. Bekanntmachung v. 15.10.2002 (BGBl. I S. 4167), z.g.d. Art. 3 d.G.v. 14.08.2007 (BGBl. I S. 1912).
GG	Grundgesetz für die Bundesrepublik Deutschland v. 23.05.1949, z.g.d.G.v. 28.08.2006 (BGBl. I S. 2034).
HGB	Handelsgesetzbuch v. 10.05.1897, RGBl. 1897, in der im BGBl. III Gliederungsnr. 4100-1 veröffentlichten bereinigten Fassung, z.g.d. Art. 10 d.G. v. 16.07.2007 (BGBl. I S. 1330).
IAS-VO	Verordnung (EG) Nr. 1606/2002 des Europäischen Parlaments und des Rates vom 19.07.2002 betreffend die Anwendung internationaler Rechnungslegungsstandards, ABIEG Nr. L 243/1 v. 11.09.2002.
InvZulG	Investitionszulagengesetz 2007 i.d.F.d. Bekanntmachung v. 23.02.2007 (BGBl. I S. 282), geä. d. Art. 13 d. G.v. 14.08.2007 (BGBl. I S. 1912).
KStG	Körperschaftsteuergesetz i.d.F.d. Bekanntmachung v. 15.10. 2002 (BGBl. I S. 4144), z.g.d. Art. 2 d.G.v. 14.08.2007 (BGBl. I S. 1912).
SEStEG	Gesetz über steuerliche Begleitmaßnahmen zur Einführung der Europäischen Gesellschaft und zur Änderung weiterer steuerlicher Vorschriften (SEStEG) v. 07.12.2006, BGBl. I S. 2782.
SolZG	Solidaritätszuschlaggesetz 1995 i.d.F.d. Bekanntmachung v. 15. Oktober 2002 (BGBl. I S. 4130), z.g.d. Art. 14 d.G.v. 13.12.2006 (BGBl. I S. 2878).

Transparenz-RL	Richtlinie 2007/14/EG der Kommission v. 08.03.2007 mit Durchführungsbestimmungen zu bestimmten Vorschriften der Richtlinie 2004/109/EG zur Harmonisierung der Transparenzanforderungen in Bezug auf Informationen über Emittenten, deren Wertpapiere zum Handel an einem geregelten Markt zugelassen sind, in: EU-Amtsblatt v. 09.03.2007, L69/27-36.
TUG	Transparenzrichtlinie-Umsetzungsgesetz – TUG v. 05.01.2007, BGBl. I S. 10.
UntStRefG 2008	Unternehmensteuerreformgesetz 2008 v. 14.08.2007, BGBl. I S. 1912.
WpHG	Wertpapierhandelsgesetz i.d.F.d. Bekanntmachung v. 09.09.1998 (BGBl. I S. 2708), z.g.d. Art. 1 d.G.v. 16.07.2007 (BGBl. I S. 1330).

iv. Verzeichnis der Standards, Interpretationen und Rahmengrundsätze

ABP 28	FASB (Hrsg.): APB Opinion 28: Interim Financial Reporting, Norwalk/Connecticut, 1973.
DRS 6	DRSC (Hrsg.): Deutscher Rechnungslegungs Standard Nr. 6 (DRS 6), Zwischenberichterstattung, Berlin 2001, i.d.F.v. 15.07.2005.
DRS 10	DRSC (Hrsg.): Deutscher Rechnungslegungs Standard Nr. 10 (DRS 10), Latente Steuern im Konzernabschluss, Berlin 2002, i.d.F.v. 15.07.2005.
E-DRS 16	DRSC (Hrsg.): Deutscher Rechnungslegungs Standard Nr. 16 near final draft (DRS 16 near final draft), Zwischenberichterstattung Berlin 2007, i.d.F.v. 18.07.2007.
FIN 18	FASB (Hrsg.): FASB Interpretation No. 18. Accounting for Income Taxes in Interim Periods - an interpretation of ABP Opinion No. 28, Norwalk/Connecticut 1977.

FIN 48 — FASB (Hrsg.): FASB Interpretation No. 48. Accounting for Uncertainty in Income Taxes - an interpretation of FASB Statement No. 109, Norwalk/Connecticut 2006.

IAS 1 — IASB (Hrsg.): International Accounting Standard IAS 1, Presentation of Financial Statements, in: IASB, International Financial Reporting Standards (IFRSs) 2007, London 2007, S. 777-835.

IAS 8 — IASB (Hrsg.): International Accounting Standard IAS 8, Accounting Policies, Changes in Accounting Estimates and Errors, in: IASB, International Financial Reporting Standards (IFRSs) 2007, London 2007, S. 879-912.

IAS 12 — IASB (Hrsg.): International Accounting Standard IAS 12, Income taxes, in: IASB, International Financial Reporting Standards (IFRSs) 2007, London 2007, S. 943-996.

IAS 34 — IASB (Hrsg.): International Accounting Standard IAS 34, Interim Financial Reporting, in: IASB, International Financial Reporting Standards (IFRSs) 2007, London 2007, S.1485-1508.

IFRIC 10 — IASB (Hrsg.): IFRIC Interpretation 10, Interim Financial Reporting and Impairment, in: IASB, International Financial Reporting Standards (IFRSs) 2007, London 2007, S. 2281-2287.

IFRS 1 — IASB (Hrsg.): International Financial Reporting Standard 1, First-time Adoption of International Financial Reporting Standards, in: IASB, International Financial Reporting Standards (IFRSs) 2007, London 2007, S. 83-171.

IFRS 3 — IASB (Hrsg.): International Financial Reporting Standard 3, Business combinations, in: IASB, International Financial Reporting Standards (IFRSs) 2007, London 2007, S. 303-424.

IFRS-F — IASB (Hrsg.): Framework for the Preparation and Presentation of Finan-cial Statements, in: IASB, International Financial Repor-ting Standards (IFRSs) 2007, London 2007, S. 31-56.

ED-IFRS SME	IASB (Hrsg.): International Financial Reporting Standard for Small and Medium-sized Entities (ED-IFRS for SMEs), in deutscher Übersetzung: Entwurf eines IFRS für kleine und mittelgroße Unternehmen, Februar 2007, Download v. http://www.iasb.org/NR/rdonlyres/ 8A74E2FE-4EE7-4EBA-9770-ED045FFC7511/0/ DE_ED_SMEs_Final_Standard_final.pdf.
OECD-MA	OECD (Hrsg.): Musterabkommen 2005 zur Vermeidung der Doppelbesteuerung auf dem Gebiet der Steuern von Einkommen und vom Vermögen, Paris 2005.
SFAS 109	FASB (Hrsg.): Statement of Financial Accounting Standards No. 109 - Accounting for Income Taxes, Norwalk/Connecticut 1992.

v. Verzeichnis weiterer Internet-Online-Quellen

BilMoG	BMJ: Referentenentwurf eines Gesetzes zur Modernisierung des Bilanzrechtes (Bilanzrechtsmodernisierungsgesetz (BilMoG), 08.11.2007, URL: http://www.bmj.bund.de/files/-/2567/RefE%20BilMoG.pdf.
BMJ 2007	BMJ-Presseinformation v. 16.10.2007: Eckpunkte der Reform des Bilanzrechts, URL: http://www.bmj.bund.de/files/e0379a9a749fe94611ec4729bd80c190/2515/BilMoG_Eckpunkte.pdf.
BT 16/4841	Deutscher Bundestag Drucksache 16/4841: Entwurf eines Unternehmensteuerreformgesetzes 2008. Gesetzentwurf der Fraktionen der CDU/CSU und SPD, v. 27.03.2007, URL: http://dip.bundestag.de/btd/16/048/1604841.pdf.
DPR 2007	Deutsche Prüfstelle für Rechnungslegung: Tätigkeits-bericht für den Zeitraum vom 1. Januar bis 31. Dezember 2006, Berlin 2007, URL: http://www.frep.info/docs/ jahresberichte/2006_tb_pruefstelle.pdf.
DRSC 2007a	DRSC: Organisation und Ziele des DRSC, URL: http://www.standardsetter.de/drsc/docs/gasc_about.html, (14.10.2007).
DRSC 2007b	DRSC: Stellungnahme zur Bilanzierung von latenten Steuern auf steuerliche Verlustvorträge nach IAS 12, 16.01.2007, URL: http://www.standardsetter.de/drsc.

IDW 2007a	IDW: IDW Konzeptpapier: Das Framework des IASB lässt wichtige Grundlagen der Rechnungslegung außer Acht, Presseinformation 9/2007, 18.09.2007, URL: http://www.idw.de/idw/download/Presseinfo__09__07.pdf?id=423368.
IASB 2007a	IASB: Current Projects/IASB Projects/Income Taxes, 18.09.2007, URL: http://www.iasb.org/Current+Projects/ IASB+ Projects/Income+Taxes/Income+Taxes.htm
IASB 2007b	IASB: Short-term convergence: income taxes, Latest Revision: September 2007, URL: http://www.iasb.org/ NR/ rdonlyres/ 14896D09-E9A6-433F-980D-D3EF9B858967/0/Income taxesprojectupdateSept07.pdf.
IASB 2007c	IASB: Memorandum of Understanding between the FASB and the IASB - A Roadmap for Convergence between IFRSs and US GAAP 2006-2008, 27.02.2006, URL: http://www.iasb.org/NR/rdonlyres/874B63FB-56DB-4B78-B7AF-49BBA18C98D9/0/MoU.pdf.
IDW 2007b	IDW: Kritik des IDW an dem IASB-Entwurf zur interna-tionalen Rechnungslegung für den Mittelstand. IDW unterstützt die Eckpunkte der Bilanzrechtsmodernisierung der Bundesregierung, Presseinformation 10/2007, 22.10.2007, URL: http://www.idw.de/idw/download/ Presseinfo__10__07.pdf?id=423862.
KPMG 2007	KPMG: Thema Sarbanes-Oxley Act of 2002, 30.10.2007, URL: http://www.kpmg.de/topics/sox/index.html.
PwC 2007b	PricewaterhouseCoopers: Similarities and Differences – A comparison of IFRS and US GAAP – October 2007, URL: http://www.pwc.com/gx/eng/about/svcs /corporatereporting/SandD_07.pdf.